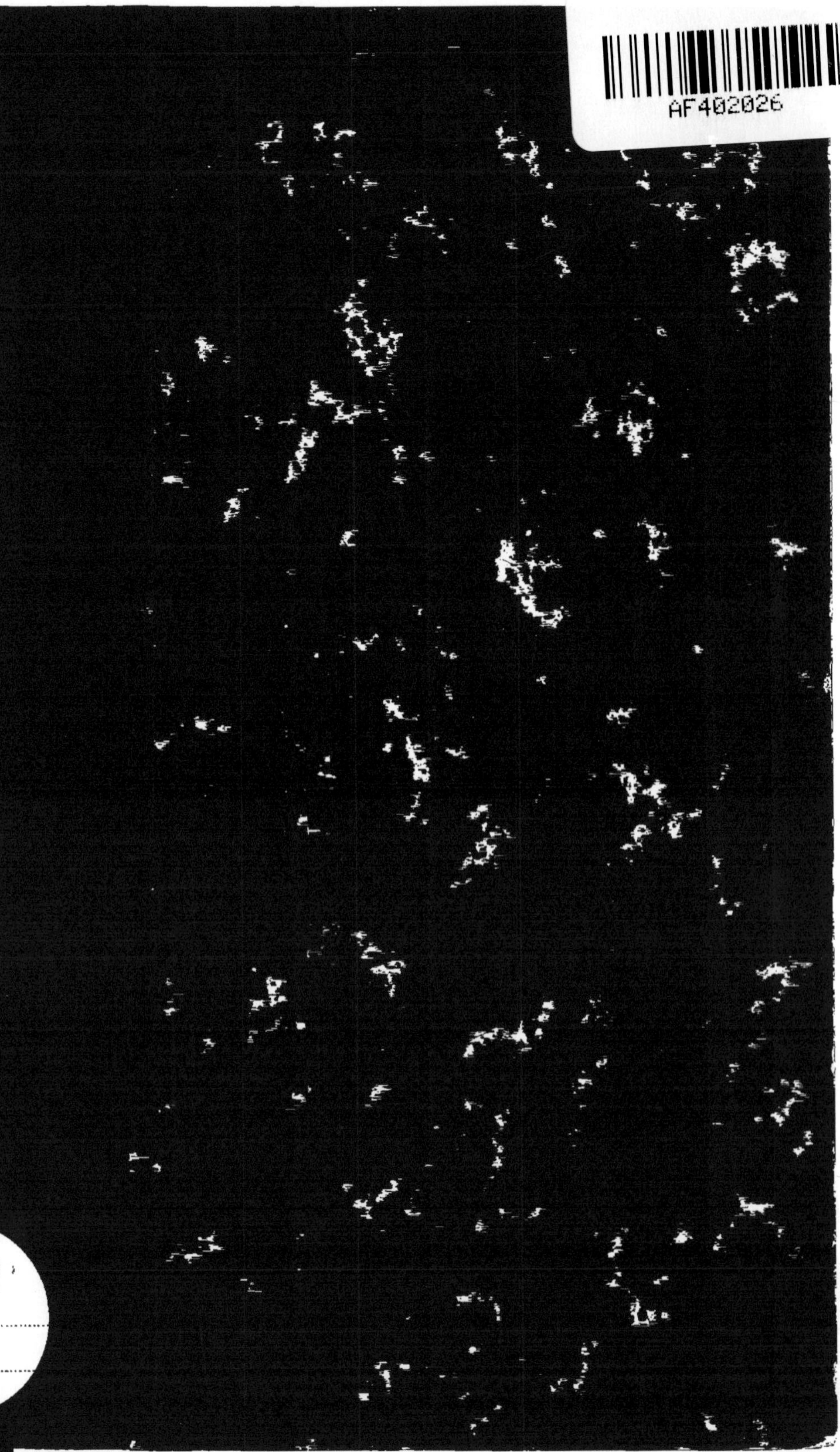

FRAGMENTS

SUR LA CAMPAGNE

DE RUSSIE.

FRAGMENTS

SUR LA CAMPAGNE

DE RUSSIE.

(Extraits de l'*Ambigu*.)

Le jour de Noël 1812.

Le jour où, pour notre bonheur,
Dieu parmi nous daigna descendre,
Je célèbre un nouveau Sauveur,
Et c'est l'Empereur ALEXANDRE.

Par M. PELTIER, à Londres.

PARIS,

CHEZ LES MARCHANDS DE NOUVEAUTÉS.

1814.

CAMPAGNE
DE RUSSIE.

OCCUPATION DE MOSCOU.

[L'occupation de Moscou par les Français sera pour toujours un des faits les plus extraordinaires de notre temps. Tout ce qui a rapport à cet événement doit être recueilli avec soin, tant pour les contemporains que pour l'historien futur. Comme nous sommes à portée de puiser dans des observations faites sur les lieux par un témoin oculaire, aussi judicieux que digne de foi, nous en présenterons successivement quelques notices à nos lecteurs.]

L'AVANT-GARDE de l'armée française était entrée dans Moscou : la ville parut déserte ; une grande partie des habitants l'avait quittée ; ceux qui étaient restés s'étaient enfermés dans leurs maisons. En vain les détachemens français qui parcouraient les rues, cherchaient des renseignemens nécessaires pour l'établissement de leur armée ; Napoléon était resté dans le faubourg, près la barrière de Smolensk ; il attendait là une députation des autorités de la ville pour faire son entrée solennelle. De midi à deux heures, personne ne s'étant présenté, il prit le parti d'envoyer un général polonais, qui devait provoquer cette députation tant désirée. Le hasard fit rencontrer à ce général une personne capable de lui donner quelques renseignemens. Il se fit conduire par elle à la maison occupée par le gouvernement, au douma ou hôtel-de-ville, à la police, chez le gouverneur-général ; enfin, il s'adressa partout où il pouvait espérer de découvrir quelque fonctionnaire public. Après bien des recherches inutiles, le général polonais retourna rendre compte à Napoléon qu'il ne restait plus aucune autorité à Moscou, et que la ville était déserte. Napoléon différa son entrée. C'était la première fois qu'une capitale conquise avait trompé son attente ; point de description de la députation, des clefs présentées, de la magnanimité du vainqueur pour le bulletin, point de discours à insérer dans le Moniteur. Napoléon espérait encore jusqu'au lendemain ; se flattant qu'au moins les étrangers, Français, Italiens, Allemands, et autres sujets du grand Empire, viendraient lui donner matière à un article de gazette, que les Russes ne voulaient pas lui fournir. Napoléon coucha, dans cette attente, à la barrière, dans la maison d'un traiteur ; et son espérance étant déçue, il se rendit le mardi 15 septembre à deux heures au Kremlin, sans bruit, sans tambours et fanfares. Il était indigné de cette inobservance russe, que les personnes de sa suite appelaient une insolence et un affront sans exemple.

Pendant la nuit du lundi 13 au mardi 14 septembre, l'incendie avait éclaté, d'abord à la Solenka, près de la porte des Enfants-Trouvés. En même temps elle eut lieu en ville, du côté du pont de pierre de la Jaouza. C'est là que le roi de Naples était logé. Un troisième incendie se déclara du côté tout opposé de la ville. Les habitants voyaient brûler leurs maisons avec cette résignation que la persuasion seule de l'impossibilité de tout secours peut expliquer. Aussi la conviction que l'ennemi allait être privé des plus importantes ressources, contribuait-elle à cette étonnante disposition des esprits. Quelques-uns sortaient les images des saints de leurs maisons, les plaçaient devant la porte, et s'en allaient. L'incendie s'étendait de plus en plus. La journée et la nuit du mardi se passèrent ainsi. Les troupes françaises, dispersées dans la ville, étaient au bivouac ; aux différentes barrières, elles se trouvaient campées. Le mercredi matin, il s'éleva, vers les neuf heures, un très-violent ouragan d'équinoxe, et c'est alors que l'incendie commença à devenir général. Dans l'espace d'une heure, il avait éclaté en dix endroits différents. Toute l'immense plaine couverte de maisons qui se trouve au-delà de la rivière, était une grande mer de flammes, dont les vagues se promenaient dans l'air. Au même moment, le feu éclata dans le quartier aux boutiques. Tout secours devint impossible, et c'est là que commença le pillage. Ce qui échappait à la fureur des flammes, était destiné à succomber à celle des soldats français. Non, jamais le ciel dans sa colère ne montra aux hommes un spectacle plus horrible : les flammes sur tous les points, et sur tous les points les pillards poursuivant les victimes. Où trouver un asile ?..... Napoléon qui, des fenêtres du Kremlin, avait pu suivre tous les progrès de l'incendie, et qui plongeait sur cette mer de feu qui étendait ses tourbillons autour de lui, fit des réflexions sérieuses. On avait saisi des hommes déterminés à porter la flamme plus près de lui, dans l'enceinte même du Kremlin ; le feu y avait même déjà éclaté. Napoléon ne balançait plus sur le parti à prendre ; il se retira à Pétrowski, et y passa la nuit. Il avait l'air de craindre un piége caché à la faveur de cet incendie, et l'immensité de la ville devait le lui présenter bien dangereux. Si jamais la conscience s'est fait entendre en lui, cela a dû être pendant cette nuit passée à Pétrowski : les flammes de Moscou étaient les torches des furies qui le poursuivaient.

Vraisemblablement il dormit peu cette nuit-là ; car vers six heures du matin, il envoya un de ses adjudants au camp voisin prier madame Aubert, marchande de modes française, de se rendre chez lui. Pour cet effet, on attela un mauvais cheval au premier droschi que l'on put trouver, et l'adjudant escorta madame Aubert, qui se mit en route pour se présenter à la cour de Napoléon-le-Grand, en son costume de campagne, qui n'était pas un costume de cour : cette fois-ci Napoléon passa sur l'étiquette. Arrivée à la porte du château, le maréchal Mortier vint recevoir madame

Aubert, et lui donna la main jusqu'à la grande salle, où elle entra seule. Napoléon l'y attendait, placé dans l'embrasure d'une fenêtre. Au moment où elle parut, il lui dit : Vous êtes bien malheureuse, madame, d'après ce que j'apprends. Après cette introduction, la conversation s'engagea tête à tête par demandes et par réponses. Elle roula sur des matières de politique et d'administration. Lorsque la marchande de modes n'était pas entièrement de l'avis de Napoléon, il prenait une prise de tabac, et changeait de conversation....

Aux horreurs de l'incendie, se joignaient bientôt celles du pillage. A peine sorti de la retraite dans laquelle j'avais cherché un abri contre les flammes, des chasseurs à cheval s'emparent des deux chevaux qui me mènent. Je parlemente. J'obtiens la promesse qu'on ne me prendra qu'un cheval : on le dételle, on le selle devant moi, et on l'emmène. Puis on vient à ma personne : montre, argent, bottes, on m'enlève tout, et on me donne une mauvaise paire de bottes dans lesquelles je n'entre qu'à moitié, et l'on me dit que je suis très-heureux qu'on me laisse encore mon surtout. Sortant des souterrains qui m'avaient caché pendant plusieurs jours, j'ignorais que Napoléon avait

permis le pillage ; mais bientôt mes yeux me
l'apprirent ; tout fuyait dans les rues, tout
cherchait des asiles. J'en fis autant, et je me
cachai. Sortant après pour chercher un abri
plus sûr, je suis de nouveau forcé de courir des
dangers. Je marchais au milieu des pillards. Le
hasard m'inspire l'heureuse idée de ramasser,
parmi les débris qui couvraient la rue, une
peau de maroquin déchirée ; la portant à la
main, j'eus l'air d'un pillard, et, en vertu de
ce talisman, je pus continuer mon chemin sans
être attaqué. A la porte de la Mesnitzka, je fus
rencontré par un général français à cheval,
que je supposai être le général Sébastiani. Il
m'aborda en français, et lorsque je me plaignis
du malheur général et du mien, il me dit :
« Ce sont vos cosaques qui font tout ce mal. »
Dans le même moment, des soldats pilloient
devant nos yeux un bourgeois, en le mal-
traitant de coups. Je fis remarquer cette scène
au général, qui leur ordonna en vain de
s'arrêter, et me dit que ces soldats étoient
des Allemands, qui étaient les plus acharnés
au pillage.

On ne voyait plus dans les rues de Moscou
que des militaires furetant dans les avenues des
maisons, enfonçant des portes, forçant des

caves, des magasins; et dans les maisons on voyait des habitants réfugiés dans les recoins les plus cachés, se laissant dévaliser sans résistance par ceux qui avaient pénétré jusqu'à eux. Et ce qui rendait ce pillage affreux, c'était cet ordre méthodique avec lequel il fut successivement accordé à tous les corps d'armée. Les soldats ne faisaient plus à la hâte un métier défendu, ils exécutaient un ordre, ils remplissaient un devoir. Le premier jour, c'était la vieille garde qui pillait, le lendemain ce fut la jeune garde, le jour suivant le corps du maréchal Davoust, et ainsi de suite. Tous les corps campés autour de la ville vinrent à tour de rôle nous rendre visite, et l'on conçoit aisément comment les derniers arrivés étoient difficiles à satisfaire. Pendant huit jours, à peu près, ce régime dura sans discontinuer, et l'on ne pouvait bien s'expliquer l'insatiable avidité des pillards, que lorsqu'on considérait leur propre détresse. Des gens sans souliers, sans pantalons, des habits en lambeaux, voilà l'accoutrement de tout ce qui ne faisait pas partie de la garde impériale. Aussi, retournés de la ville dans leurs camps, ils étaient travestis si bizarrement, qu'ils n'avaient l'air de soldats que par leurs armes. Ce qui peut donner une idée de l'excès des horreurs commises, c'est que les officiers eux-mêmes allaient de maison en maison pour piller comme leurs soldats ; d'autres, moins déhontés, se contentaient de piller dans l'enceinte de leurs logements. Les généraux, représentant en tout leur chef suprême, savaient donner des motifs de légalité à leur avidité ; sous le prétexte de réquisition pour leur service, ils faisaient enlever partout ce qu'ils trouvaient à leur convenance : et lorsqu'ils avaient vidé un logement, ils en prenaient un nouveau, pour le dépouiller jusqu'aux lambris et aux serrures. Pendant le cours de ce brigandage, Napoléon était rentré au Kremlin ; il s'y était renfermé avec précaution ; toutes les portes en étaient fermées, à l'exception de celle qui donne sur la rue Nikolski ; il n'y avait que les militaires de rang qui y fussent admis. C'est alors qu'on songea à former une police et une municipalité. Le désordre et le pillage allaient détruire ceux qui l'avaient ordonné ; il fallait, pour leur propre existence, y mettre des bornes.

Après bien des démarches, les unes menaçantes, les autres présentant des espérances aux individus, ou des vues d'intérêt public, on était parvenu à former une municipalité ;

M. Lesseps, faisant les fonctions d'intendant de province, avait le plus contribué pour la réaliser. Mais cette autorité naissante, qui devait principalement rétablir et maintenir le bon ordre, n'y put rien faire; le pillage continuait d'exercer son affreuse puissance, et il n'épargnait pas même les nouveaux magistrats passant dans les rues pour se rendre à leurs postes. Tous les corps avaient à faire valoir les mêmes droits sur le butin. Napoléon, après la prise de Smolensk, s'étant décidé à faire une invasion dans Moscou, avait annoncé à ses soldats qu'ils y trouveraient de bons quartiers d'hiver, qu'il pourvoirait là à tous leurs besoins, et que, jouissant de l'abondance, il accorderait la paix à l'Empereur Alexandre. Apercevant un jour les clochers de Moscou de loin, il les leur avait montrés au doigt, en disant : « Voilà le terme de la campagne. » L'incendie de Moscou ayant détruit tout espoir de pacification et de quartiers d'hiver, le dénûment total du petit nombre des habitants qui s'y trouvaient ayant rendu nulle toute ressource pour l'approvisionnement et l'équipement de l'armée française, Napoléon se vit dans la nécessité d'apaiser les murmures des soldats, en connivant au pillage auquel ils se livraient. Cependant il avait tout autant de besoin de se concilier les esprits des habitants pour ses plans à venir, et il prit le parti de publier des défenses du pillage. Mais elles restaient sans effet, et n'étaient que des démonstrations ostensibles de la politique de leur auteur. Le pillage continuait : on en vint aux affiches, aux proclamations; et, à la fin, pour ramener la discipline, on alla jusqu'aux fusillades. C'est alors que les habitants commencèrent à se rassurer, et sortirent des retraites dans lequelles ils s'étaient tenus cachés.

Mais quel changement s'était opéré dans l'intervalle! Moscou n'était plus reconnaissable. On voyait de vastes plaines de ruines et de cendres ; des cadavres humains dans les rues, dans les cours; des chevaux morts, des vaches, des chiens brûlés partout ; et par dessus tout, des gens errants çà et là, cherchant leurs familles perdues, et demandant du pain pour assouvir leur faim. Le manque de subsistances était effrayant; il allait au point, que chacun se cachait pour manger le peu d'aliments qu'il avait su sauver pour soutenir sa vie. C'est à cette époque que commença un nouveau genre de pillage; chacun, alarmé pour sa subsistance, allait déterrer des pommes de terre, des navets, des choux; mais les soldats se hâtèrent de prendre les devants, et malheur à celui qui voulut récolter à la même place qu'eux, ou qui revenait des champs avec des légumes sans être escorté. Il s'agissait de la vie, et chacun travaillait à l'envi à faire ses provisions, d'autant plus que Napoléon entretenait l'opinion qu'il passerait l'hiver à Moscou, et chacun, bourgeois comme soldats, cherchait à prendre des mesures de prévoyance.

On se flattait que cette indécision des affaires serait terminée par la paix, et Napoléon ne négligeait rien pour répandre cette espérance. C'est dans cette vue qu'il accorda une protection spéciale à la maison des Enfants-Trouvés, et qu'il prit même plusieurs mesures qu'il croyait devoir amener un rapprochement avec le gouvernement russe; mais toutes ses différentes démarches restèrent sans succès. En même temps, pour flatter l'armée, on fit circuler toutes sortes de nouvelles qui se renouvelaient de temps en temps : tantôt Riga était pris d'assaut, tantôt Macdonald était entré à Pétersbourg; tantôt on annonçait qu'un convoi considérable portant à l'armée des vêtemens d'hiver, couvrait la route de Wilna à Smolensk; que le maréchal Victor amenait des

renforts considérables ; une autre fois, on assu-
rait que la prévoyance du grand homme avait
tout calculé, tout préparé ; et que si les Russes
ne faisaient pas la paix pendant l'hiver, au
printemps prochain, Napoléon ferait un duc
de Smolensk et un de Pétersbourg, et qu'il
n'y aurait plus de Russie qu'au fond de l'Asie.
Toute la tactique des nouvelles dont Paris est
ordinairement le foyer, était en pleine activité
à Moscou.

Après le petit dialogue que j'avais eu avec
le général Sébastiani, je m'acheminai vers ma
demeure, informé que tout mon monde devait
y être. En y arrivant, je trouvai sur la porte
des Français qui se partageaient des dépouilles.
Eh ! Messieurs, leur dis-je, *c'est ma maison ;
comment avez vous pu venir piller les pauvres
gens qui sont là ?—Nous n'y sommes pas entrés*,
fut leur réponse. Enfin, je trouve ma société
presque toute composée de Russes, d'Arméniens,
de femmes. Pas un être qui sût un seul mot de
français. Chacun m'accueille comme son sauveur, comme son unique ressource. On me
donne des nouvelles de mes amis les d'H...., qui
s'étaient réfugiés dans la maison Gleboff, et qui
m'y attendaient ; mais on me prie de ne pas
abandonner ce poste, sans quoi l'on est perdu.

On me raconte tout ce qu'on a souffert, et je donne ma parole de rester. MM. d'H...... avaient obtenu qu'un général hollandais viendrait habiter leur demeure, et que de là il nous protégerait. C'est dans cette situation que j'ai vécu huit jours à peu près, barricadé avec tout mon monde dans ces souterrains, et allant à tout instant, la nuit et le jour, conjurer l'orage des pillards qui venaient nous visiter. Quelques-uns entendaient raison, et se laissaient désarmer ; mais le plus grand nombre voulaient user de violence, et je n'avais que le temps d'appeler à mon aide la garde du général. *Je me f..... bien que vous soyez Français ; qu'est-ce que vous faites ici ? Il n'y a que des aristocrates qui ne soient pas avec nous ; vous êtes de f..... émigrés.* Voilà les doux propos dont j'étais régalé vingt fois par jour ; et cependant qu'y avait-il à prendre chez nous ? Les derniers vêtements des malheureux échappés aux flammes avec le pur nécessaire ; mon surtout qui, comme la culotte de Sterne, excitait l'envie de tous ceux qui le voyaient, et à la vérité quelques provisions de farine pour du pain noir : c'était là, il faut en convenir, ce que nous gardions comme notre dernière espérance, et ce que nous devions défendre sous peine de la vie. Du reste, combien de fois n'a-t-on pas

déshabillé et déchaussé mes malheureux compa-
gnons dans l'intervalle où j'allais chercher la
garde qui faisait restituer les effets volés ?

Par ce que je viens de vous dire de ma situation, vous pouvez juger de celle de la plupart
des habitants de Moscou, qui n'avaient pas la
ressource de se faire comprendre. On ne trouvait plus dans les rues que des militaires enfonçant des portes, des fenêtres, des caves, des
magasins, et tous les habitants, cachés dans les
lieux les plus secrets, se laissant dévaliser par
le premier qui venait les attaquer. Ce qui a surtout rendu le pillage affreux, c'est l'ordre méthodique avec lequel il a été accordé successivement
à tous les corps de l'armée. Le premier jour,
c'était la vieille garde impériale ; le jour suivant,
le corps du maréchal Davoust ; ainsi de suite, tous
les corps campés autour de la ville, sont venus,
chacun à leur tour, nous visiter, et vous pouvez juger combien les derniers étaient difficiles
à contenter. Ce régime a duré, sans discontinuer, pendant huit jours, et l'on ne peut bien
s'expliquer l'avidité des pillards, qu'en considé-
rant leur propre détresse. Des gens sans souliers,
sans pantalons, des habits en lambeaux, voilà
le sort de tout ce qui ne composait pas la
garde impériale. Aussi dans leurs camps, tra-

vestis de toutes les manières, ils n'étaient reconnaissables que par leurs armes. Ce qui est affreux à penser, c'est que les officiers eux-mêmes allaient de maison en maison pour piller comme leurs soldats. D'autres moins déhontés, se contentaient de piller dans leurs propres logements. Il n'y avait pas jusqu'aux généraux qui, sous le prétexte de réquisition pour le service, faisaient enlever, partout où ils se trouvaient, quelque chose à leur convenance.

Pendant le cours de ce brigandage, Buonaparte, qui était rentré au Kremlin, s'y était renfermé avec plus de précaution. Toutes les portes en étaient fermées, excepté celle qui donnait sur la rue Nickolski, et il n'y avait que les gens à cocardes qui y fussent admis. Ce fut alors qu'on pensa à créer une police et une municipalité. En même temps Buonaparte, pour signaler sa bienfaisance envers les malheureux étrangers qui étaient sans pain, sans habits, sans asiles, ordonna qu'on les reçût dans des maisons qui furent désignées à cet effet (1), et promit de leur faire distribuer des vivres par l'entremise de trois syndics qui furent nommés par l'administration de chacune de ces maisons. On fit proposer du service dans les bureaux de l'armée à ceux qui avaient besoin

____

(1) L'académie de médecine et la maison de Dadianoff.

de secours ; on leur promit à tous un traitement séduisant. Un grand nombre, trompés par cette amorce, se livrèrent de bonne foi, et se trouvèrent ainsi intéressés à servir une cause qu'ils n'avaient embrassée que pour échapper à la faim. Ce fut dans ces circonstances que l'on forma une police et une municipalité. La première se composa facilement, parce qu'on ne fut pas difficile sur le choix, et que l'espoir de se garantir du pillage et de s'assurer du pain, décida tous ceux qui n'avaient aucun moyen d'existence. La municipalité fut nommée ensuite avec beaucoup de difficulté, vu les refus perpétuels des préposés. Enfin, les assurances réitérées qu'il n'était question que de veiller au bon ordre de la ville, et la crainte des conséquences d'un plus long refus, déterminèrent l'acceptation, principalement des marchands qui y entrèrent.

Il est bon de citer ici la démarche d'un très-brave homme, nommé Nackotchin. Traduit chez M. de Lesseps, préfet de la province, avec tout le corps municipal, pour être installé par lui, il prit la parole très-inopinément, et dit, en bon russe, à M. de Lesseps : « Votre » Excellence, avant tout, je dois vous déclarer, » en galant homme, que jamais je ne ferai rien

» qui soit contre ma religion et mon empe-
» reur. » M. de Lesseps, un peu étonné de
l'apostrophe, le rassura et lui dit : « Que la
» querelle de l'empereur Napoléon et de l'em-
» pereur Alexandre ne les regardait pas ; que
» leur attribution seule était de veiller au bien-
» être de la ville. » Là-dessus, la municipalité
entra en fonctions.

Ces autorités naissantes ne pouvaient cependant rien pour le bon ordre ; car le pillage continuait toujours, et s'exerçait même sur les nouveaux magistrats, quand ils se rendaient à leur poste. Il étoit écrit dans la sagesse de Buonaparte que le pillage ne finirait que quand tous les corps de l'armée y auraient participé ; en voici la raison.

Buonaparte, après la prise de Smolensk, avait annoncé à son armée qu'il la menait à Moscou ; que là il lui donnerait des quartiers d'hiver, qu'il pourvoirait à tous les besoins, et qu'il accorderait la paix à l'empereur Alexandre. Depuis, en apercevant Moscou, il l'avait montré du doigt en disant : « Voilà
» le terme de la campagne ! » L'incendie de Moscou, en détruisant tout espoir de pacification et de quartiers d'hiver, le dénûment absolu du petit nombre d'habitants qui s'y trou-

vaient, en rendant impossible toute ressource d'approvisionnement et d'habillement pour l'armée, mettaient Buonaparte dans la nécessité d'apaiser les murmures de son armée, en livrant au pillage la proie qui lui échappait.

Mais enfin, comme il fallut songer à sa défense, il fallut bien aussi arrêter le pillage, et tâcher de se concilier la majorité des habitants, puisqu'on voulait en tirer des ressources. Le pillage fut donc défendu, mais il n'en continua pas moins. Les défenses se répétèrent, et furent toutes aussi inutiles. On en vint aux proclamations affichées et aux fusillades; cela s'entendit, et chacun sortant de sa tanière, commença à se rassurer.

Quel changement s'était opéré dans Moscou! On voyait de vastes plaines de ruines, où les rues étaient à peine reconnaissables. Partout on trouvait des cadavres; dans les rues, dans les cours, presque tous des gens à barbe; des chevaux morts, des vaches, des chiens; plus loin, des pendus; c'étaient ceux qu'on avait pris mettant le feu aux différents quartiers de la ville, et qu'on avait accrochés après les avoir fusillés; et l'on passait à côté de tout cela avec une indifférence inconcevable! On s'abordait sans se connaître, tant le malheur avait métamorphosé tout le monde. Mais ce qui navrait véritablement, c'était de rencontrer une foule de gens qui fondaient en larmes, et vous disaient qu'ils étaient sans pain, eux et leurs familles. Les choses en étaient au point qu'on se cachait pour manger le plus mauvais dîner, et que la discrétion ne permettait pas de rien accepter.

Alors commença un nouveau genre de pillage. Chacun, alarmé sur sa subsistance, pensa à aller déterrer des pommes de terre et cueillir des choux ; mais les soldats se hâtèrent de prendre les devants, et malheur à ceux qui voulaient récolter à la même place qu'eux, ou qui venaient des champs sans une escorte. Il s'agissait ici de la vie, et chacun travaillait à l'envi à faire ses provisions. C'était aussi une manœuvre de Buonaparte pour persuader à ses soldats qu'il voulait passer l'hiver à Moscou. Leurs préparatifs persuadaient aussi la presque totalité des habitants qui espéraient qu'il sortirait de toutes ces mesures une proposition et une négociation de paix. Pour la provoquer, Buonaparte, en accordant à la maison des Enfants-Trouvés une protection spéciale, se fit donner le rapport du mois, qu'il adressa lui-même à l'impératrice-mère, avec une lettre honnête. On attendait avec une patience extrême la réponse à cette lettre : elle n'arriva point.

Tous les sots propos que l'on faisait circuler en imposaient aux gens confiants dans la fortune passée de Buonaparte, et ils croyaient réellement qu'il allait réaliser tout cela. Dans cette supposition, il ne restait plus qu'à chercher son salut chez les Français; c'est ce que l'on voulait.

Pendant qu'on amusait le public et l'armée par ces fables, Buonaparte, renfermé dans son Kremlin, comme dans une prison d'Etat, faisait venir des chanteurs italiens pour lui faire de la musique, et il les payait en faux assignats de banque. Il paraît qu'on en avait préparé en Pologne une forte cargaison que l'on a cherché à mettre en circulation de toutes les manières; mais, appréciés dès leur première apparition, personne n'en a voulu, et il y en a eu très-peu de mis en circulation.

Cependant, les propositions de paix n'arrivant pas, l'armée russe faisant des mouvements, les cosaques et les paysans rendant les fourrages très-difficiles, il fallait bien prendre un parti. On savait qu'il n'y avait rien à gagner à offrir la liberté aux paysans ; on tâcha de les allécher par de bons traitements, pour les engager à porter des vivres en ville; tentative sans succès; au contraire, on fut obligé de sévir contre des paysans pris dans un village où on avait fait feu sur des Français; et l'on vit ces gens recevoir la fusillade, comme ils entraient à l'église, faire leur signe de croix, après la sentence entendue, et attendre leur sort sans sourciller. Alors la tactique corse s'avisa d'expédients plus sérieux, et rechercha, avec le plus grand soin, des renseignements sur la conspiration de Pougatscheff. On avait surtout besoin d'une de ses dernières proclamations, où l'on comptait trouver des lumières sur les familles ou sur la famille que l'on pouvait appeler au trône. Les recherches, sur ce point, furent portées jusqu'à consulter des gens de toute espèce. On s'adressa même à un émigré (l'auteur de cette relation): ce fut chez un homme de marque que, sous d'autres prétextes, il fut appelé. Celui-ci, dès le début, avoua tout franchement qu'il était émigré. — « Monsieur, c'est » une chose dont on ne se vante ni ne s'accuse.» On en vint ensuite au fait; et l'émigré dit, comme tous les autres, qu'il ne connaissait pas les proclamations dont on lui parlait.

Cette corde ne réussissant pas, on abandonna la doctrine de Pougatscheff, et, pour le coup,

on rentra dans les grands principes du sans-
culottisme. On proposa à des Tartares d'aller
à Kasan, appeler leurs compatriotes à l'indé-
pendance, et leur promettre que, dès qu'ils se
montreraient, on marcherait pour les soutenir :
autre démarche infructueuse.

Il ne restait plus que la voie des négociations.
On envoya Lauriston au prince Kutusoff, sous
prétexte de proposer un échange de prisonniers. En même temps on en annonça le départ
comme une suite de négociations antérieures,
auxquelles Buonaparte répondait par son *ulti-
matum*, extrêmement modéré, qui était la
cession de toutes les anciennes provinces polonaises.

Lauriston revint bientôt comme il était parti.
La saison s'avançait ; les cosaques, autour de
Moscou, s'étaient rendus redoutables ; les chevaux crevaient comme des mouches ; les rues,
les cours, les étangs, les chemins, étaient jonchés
de leurs cadavres. Il fallait bien prendre un
parti prompt. Lauriston fut député encore une
fois à l'armée russe, et revint comme la première fois, sans succès. Alors on commença à
parler de départ. A la vérité, il devait rester un
corps de quinze cents hommes, mais ce n'en fut
pas moins un coup de foudre pour tous les gens

que leur confiance 'dans la fortune de Buonaparte avait compromis. Eux, et toutes les personnes qui, dans ce temps, n'avaient pris con-
seil que de la peur, se crurent perdus à l'entrée
des cosaques dans la ville, et ne pensèrent plus
qu'à se mettre à la suite de l'armée française
de la manière la plus irréfléchie. Cette dernière
classe est véritablement à plaindre : n'ayant été
coupable que de faux jugement, elle en a payé
bien cher la peine.

Les bruits de départ n'étaient pas encore
tellement accrédités qu'on ne pût les déguiser ;
aussi chaque jour voyait-on colporter de nouvelles versions.... On avait trouvé des magasins
de farine pour six mois.... On avait anéanti une
partie des cosaques qui coupaient la communication avec Mojaïsk... On avait battu la grande-
armée.... Il ne restait plus aux Russes qu'à demander la paix ; Buonaparte la leur accorderait
à des conditions moins désastreuses pour pouvoir
exécuter plus promptement la suite de son grand
plan, savoir : la liberté donnée aux Grecs, la
prise de Constantinople, afin d'assurer la possession de l'Egypte, et, après l'envahissement
de celle-ci, la paix générale. Le génie du grand
homme, disait-on, pense à tout, et nul ne
doit hasarder les modestes lumières de la raison

contre les vastes combinaisons d'un homme si étonnant. Il faut en convenir, la confiance de son armée dans ses talents et ses ressources était sans bornes. On croyait aveuglément que tout ce qu'il entreprendrait serait infailliblement suivi du succès. Ceux même qui ne l'aimaient pas, et il en était beaucoup dans son armée, qui du moins étaient las de se voir les instruments de son ambition ; ceux-là, dis-je, comptaient toujours sur son génie et sa fortune. On murmurait derrrière lui ; mais le rappel du tambour mettait tout le monde à sa place, et l'on se voyait futur duc, comte, baron ou chevalier, ou appelé à partager les dépouilles de quelques nouvelles conquêtes. Voilà le grand ressort de l'armée de Buonaparte ; la multitude est comprimée par la force, et tous les officiers y sont retenus par l'ambition ou l'espoir du bâton de maréchal. On s'étonne moins de l'influence de ce dernier mobile quand on considère la composition du corps des officiers. Presque tous sont des enfants de la révolution, qui ne parlent que par b.... et par f... ; ils n'ont de marche que celle de leurs chefs ; tout ce qui profite est bon ; ils ne connaissent de droit dans ce monde que celui du plus fort, et ils y sont habitués depuis si long-temps, qu'ils ne sauraient plus agir au-

trement. Il est des exceptions honorables à faire :
on peut les appliquer pour la plupart sur des
noms de l'ancien régime ou sur des émigrés
rentrés qui, las de leur adversité, ont mieux
aimé sacrifier à l'idole que de rester nuls. Ils y
ont gagné peu de chose, car ils ne servent que
de témoignage que Buonaparte a triomphé de
tous les partis, et sont au reste toujours un objet
d'envie par l'avancement rapide qu'ils ob-
tiennent, quoiqu'il ne leur soit donné aucune
place importante sous le rapport de la confiance.
A cette exception près, tous les officiers de l'armée, généraux et subalternes, ont l'extérieur
le plus commun, et portent le caractère de
parvenus. Ils raisonnent sur les affaires politiques
comme des soldats ignorants qui ne connaissent
rien hors leurs exercices. Par exemple, ils
avaient toujours à la bouche dans leurs com-
plaintes sur l'incendie de Moscou, et le peu
d'apparence d'une pacification : — « C'est votre
» sénat qui fait tout cela ! — Mais, mon ami, le
» sénat n'est pas chez nous un corps adminis-
» tratif. — C'est donc votre empereur ? — Eh !
» vous ne lui rendez pas justice, c'est le plus
» brave homme de son empire. — J'ai eu un jour
» l'honneur d'être de faction auprès de S. M.
» l'empereur Alexandre à Tilsitt, » me dit un

jour un grenadier ; « c'est un très-bel homme,
» qui paraît plein de bonté. Mais quel dommage
» d'avoir brûlé une si belle ville ! Nous aurions
» eu ici de si bons quartiers d'hiver! Nous avons
» tous de l'argent, nous l'aurions dépensé ; les
» habitants auraient regagné ainsi ce qu'ils au-
» raient perdu par les contributions, et nous
» aurions été tous plus heureux. »

Parmi les individus plus éclairés avec lesquels
on pouvait raisonner, il n'était pas difficile de
tomber d'accord que l'ambition de Buonaparte
avait fait tout le mal. Alors commençaient les
épanchements, l'aveu de la ruine totale de la
France, et de l'impossibilité qu'un tel état de
choses pût encore durer long-temps. Je trou-
vais une véritable satisfaction à entendre parler
ces gens, plus fatigués que nous de la fortune
de Buonaparte, et soupirant après la fin d'une
guerre sans terme. Ils allaient jusqu'à déplorer
la fatalité qui leur avait livré ici de grandes
ressources en poudre, au moment où les leurs
étaient épuisées ; ils convenaient qu'ils avaient
dans les hôpitaux, depuis Wilna, cinquante
mille hommes ; que leur cavalerie avait perdu
soixante mille chevaux ; que l'armée n'était pas
vêtue, et que s'il fallait faire leur retraite par

la route de Smolensk, ils étaient infailliblement perdus.

Sur ces entrefaites commencèrent les mesures du départ. On expédiait, autant que possible, des transports de blessés et les bagages des diverses administrations de l'armée; on marquait le jour présumé du départ de Buonaparte, et, pour affriander les gardes, auxquels on n'avait distribué que quelques faux assignats de cent roubles, on leur abandonna une somme considérable de monnaie en cuivre, qui se trouvait dans les caves des tribunaux. Ce cuivre n'était bon qu'à vendre, et il n'y avait que les paysans et les gens du peuple qui pussent l'acheter. Cela donna lieu à des scènes aussi risibles que déplorables : le peuple, dans toute la force du mot, qui n'avait cessé de piller sur les ruines des maisons incendiées depuis le commencement du pillage des Français, souvent même au risque de sa vie; ce peuple, qui, du reste toujours enseveli sous des décombres, ne paraissait pas plus que s'il n'eût pas existé, se montrait en foule comme une nuée de corbeaux, dès qu'il y avait une cave ou un magasin, ou un lieu secret découvert à dévaliser. Alors, sabres, baïonnettes, tout était inutile : un était frappé, vingt autres pillaient, et cela suffisait pour enhardir les maraudeurs. Hommes, enfants, vieillards, infirmes, tout était de la partie. Il est inconcevable ce que cette classe de gens a pillé.

Dès que la garde impériale mit en vente les sacs de 25 roubles en cuivre, cette foule d'oiseaux de proie, instruite par je ne sais quel instinct, se précipita dans la rue Nickolski, où était le principal marché. Là, pour dix copecks d'argent, ensuite cinquante copecks, et enfin un rouble d'argent, on avait des sacs de cuivre tant qu'on en voulait. Le difficile était de les emporter, d'abord à cause du poids, ensuite à cause de la foule, ce qui faisait, par exemple, que des femmes avides, portant un sac sur chaque épaule, se le voyaient enlever à dix pas de là par un champion vigoureux qui leur disputait leur proie. Les cris, les injures, les coups marchaient à la suite. Des soldats, le sabre à la main, devaient mettre le holà, et pendant qu'ils frappaient, qu'ils enlevaient à leur tour la pomme de discorde : — « Moussié, Moussié, podarite ïeto, ïeto. » (Monsieur, Monsieur, donnez à moi, à moi.) Que demandes-tu B.....? « Podarite, podarite » (donnez); puis arrivaient les coups, mais comme dans la bagarre il y avait quelque chose à gagner, on n'y faisait nulle attention. Imaginez quel spectacle présentait la rue Nickolski, emcombrée de ces vendeurs et de ces acheteurs. Je fus obligé de m'échapper le long des murs, de crainte de devenir plus que spectateur; le lendemain, même concours d'acheteurs; mais les Français plus prudents mirent la foule hors de l'enceinte de la ville, et en interdirent désormais l'entrée à la populace. Le marché se tint alors hors de la porte *Boekpreceuka*, sous les fenêtres des tribunaux. Quelques soldats placés là tenaient le bureau d'échange; ils recevaient le prix du sac, et le sac était lancé par la fenêtre. La foule s'était renforcée de quantité de paysans qui se battaient avec les bourgeois pour approcher de plus près le changeur. Pour arrêter le désordre il ne restait plus que les coups de fusil, qui, à la vérité, étaient mal dirigés à dessein, mais qui pourtant touchaient quelquefois, et n'empêchaient pas la foule de se précipiter sur les appuis des fenêtres. Partout où il y avait quelque profit à faire, les coups étaient comptés pour rien. Enfin Buonaparte partit le dimanche soir, prenant la route de *Koulouga ;* et pendant la nuit le reste de la garnison, sauf un corps de sept à huit mille hommes, destiné, disait-on, pour garder Moscou, jusqu'au retour de la bataille qui allait se livrer. Dès le lendemain les postes se replièrent jusqu'au boulevard de la ville blanche : et pendant la nuit ils se renfermaient dans l'enceinte de la ville. C'est ce qui entraîna le général *Wintzingerode* et M. *Nariskin*, dans la *Twerskoï*, où ils furent faits prisonniers. Le mardi, vers les quatre heures après midi, les Français incendièrent le parc d'artillerie qui se trouvait sur la plaine de la promenade du premier mai. Quelques bombes qui prirent feu à cette occasion, semèrent l'alarme parmi les étrangers qui avaient résolu de suivre l'armée; on crut que les cosaques arrivaient, et chacun se dépêcha de partir sans calculer les moyens de voyage. Le reste de la population rassuré au contraire par la perspective du retour des Russes, se montrait avec confiance dans les rues, tellement que les Français, pour leur propre sûreté, durent renforcer leurs postes et faire promener des patrouilles. Cependant les paysans se répandaient en foule dans la ville pour piller le magasin de sel qui n'était plus gardé. Nuit et jour c'était une procession continuelle à pied, avec des charrettes; par bandes de dix, vingt, hommes, femmes et enfants. Les Français, pour plus de sûreté, se renfermèrent dans l'enceinte de la ville, et ne gardèrent plus, que par des sentinelles. l'avenue des portes qui y conduisaient de quelques rues principales. Le jeudi soir, le maréchal Mortier et M. de Lesseps écrivirent à M. Toutoulmin, chef de l'hôpital des Enfants-Trouvés, pour recommander à l'humanité des Russes les blessés français qu'ils laissaient dans la maison sous sa direction, et promirent sur leur parole d'honneur qu'ils ne feraient aucun mal à la ville en se retirant. Vers les huit heures, l'incendie commença au *Kremlin;* peu après vers la porte de Kalouga, au commissariat; et l'on voyait là une misérable vengeance des espérances déçues. Buonaparte avait déjà fait enlever la croix de *Ivan-Veliki*, l'aigle de la porte *Nikolski*, le Saint-Georges du sénat. On regarda l'incendie comme une digne suite de tout ce qui avait précédé. On ne savait pas le motif qui avait fait enlever la croix de *Ivan-Veliki;* le voici : un général polonais, très-instruit de tout ce qui a rapport à l'histoire de Russie, dit un jour à Buonaparte qu'il existait parmi les Russes un dictum — *Qu'aussi long-temps que la croix serait sur le clocher d'Ivan-Veliki, les Français ne viendraient pas à Moscou.* — Que le dictum soit vrai ou faux, l'enlèvement de la croix fut ordonné pour justifier l'arrivée des Français à Moscou.

L'incendie du *Kremlin* faisait toujours plus de ravage; le palais était consumé; le feu se montrait plus loin, on ne savait pas où; mais comme il était renfermé dans le *Kremlin*, et qu'il n'y avait pas à craindre qu'il se communiquât plus loin, les craintes de tous les habitants de Moscou se calmèrent, et chacun cédait plus ou moins à l'invitation du sommeil. J'avais été averti depuis plus de huit jours par un brave chirurgien de l'armée, de ne pas me trouver à Moscou quand les Français en partiraient. *Vous avez été militaire*, me disait-il, *vous sentez que je ne puis pas parler, mais vous avez assez de pénétration pour deviner ce que je veux dire.* J'attendais toujours avec quelque sollicitude l'effet de sa prédiction, rassuré cependant par la lettre qu'avait reçue M. de Toutoulmin. Par prudence je ne voulus pas me mettre au lit, et je m'endormis sur un fauteuil en face de la fenêtre qui donnait sur le *Kremlin*. Vers les quatre heures du matin — *Bom!* — Je suis éveillé par une forte secousse, et dans le même moment tout Moscou fut terrifié par une terrible détonation; les fe-

nêtres enfoncées, les cris des femmes, l'épouvante générale, l'impossibilité de chercher un
asile, la crainte d'être écrasé sous la chute de
la maison, jetaient la consternation dans tous
les esprits. Je rassurai le monde qui était autour de moi, en leur faisant observer que nous
n'avions rien à craindre dans une maison de
bois, qui cédait à la commotion, tandis qu'une
maison de pierre pouvait crouler. En même
temps je disposai les esprits à de nouvelles explosions; et peu après, à une demi-heure d'intervalle, nouvelle détonation, cependant un
peu moins forte que la première. A même intervalle, il y eut encore trois autres explosions,
et tout fut fini. A peine fut-il jour que les plus
curieux furent en ville; ils trouvèrent les portes
du Kremlin barricadées; la seule qui fût un
peu libre était celle qui conduit au pont de
pierre par où les Français avaient fait leur retraite. Mais les ruines et les flammes, que l'on
voyait encore, empêchaient d'y entrer.

Bientôt parurent les premiers cosaques, suivis d'une multitude de paysans, qui poursuivaient tous les Français traîneurs de l'armée.
Ils en trouvèrent beaucoup dans les rues et
dans les maisons, et ils les massacrèrent presque
tous sans rémission, ou les jetèrent dans les

commodités des maisons, de la même manière
que les Français avaient jeté leurs propres blessés de l'hôpital des Enfants-Trouvés, dans les
puits de la cour, à mesure qu'ils mouraient. —
Le samedi matin, parut enfin un maître de
police, M. *Hellmann;* Dieu merci, tout le monde
respira, et l'ordre commença à se rétablir.

J'oubliais de vous dire un fort bon trait d'un
officier russe resté ici blessé et prisonnier. Le
départ des Français lui avait rendu la liberté;
il logeait dans la maison des Enfants-Trouvés,
où étaient les blessés français. Pour les mettre
en sûreté, il entre le matin dans leur salle, son
bras en écharpe, et leur crie : *Soldats ! vous
êtes tous mes prisonniers; l'armée est partie,
je vous somme de vous rendre. — Comment ?
Nous ne nous rendrons pas; aux armes !*
Et en effet, plusieurs de ces malheureux sortent
de leur lit, s'habillent, s'arment et veulent sor-
tir. M. de Krikoff, officier aux chasseurs de
la garde, s'oppose à leur départ, leur repré-
sente le danger qu'ils courent s'ils se montrent
hors de la salle. Impossible de retenir plusieurs
d'entre eux, qui sont massacrés dès qu'ils pa-
raissent dans les cours. Ce triste spectacle rend
les autres plus circonspects; ils consentent à se
rendre prisonniers. Alors leur ange tutélaire des-

cend dans la cour, va au-devant des cosaques et de la foule, et dit à l'officier cosaque : *Je vous déclare que les blessés qui sont ici sont prisonniers ; personne n'a le droit de les toucher.* On insiste cependant pour les livrer. Longue contestation. — Enfin, le chef des cosaques veut employer la force. M. Krikoff s'avance vers lui, se fait connaître, et exige que lui, officier des cosaques, en fasse autant, pour prendre tout sous sa responsabilité. Cette démarche produit son effet ; les cosaques et la populace se retirent : les blessés sont sauvés.

L'effet des explosions qui ont eu lieu au *Kremlin* a porté sur *la Clochette*, à côté d'Ivan-Veliki, qui a sauté ; sur la partie de l'Arsenal, vis-à-vis de la *Kikolski*, où tous les murs sont pulvérisés. Sur la tour, à l'angle du *Kremlin*, près du pont de pierre, tous les matériaux brisés sont dispersés autour ; sur deux petites tours, le long de la Moskwa, elles ont sauté ; et il y a à la place un trou dans le mur. . . . . . .
. . . .

J'oubliais de vous parler de M. Roustan, le fameux mameluck de Buonaparte. C'est un Arménien d'origine, de Darabak, petite ville près d'Erivan. Il a souvent visité ses compatriotes, toujours avec une discrétion ministérielle. Il paraît qu'il s'est occupé d'appeler en France une partie de sa famille, sa mère et un frère, et qu'il compte sur la connaissance personnelle de l'Empereur de Russie pour leur faciliter le voyage de France.

RETRAITE DE MOSCOU.

—

[Le public ayant distingué particulièrement cette bro-
chure, rédigée par un officier allemand au service de
Russie, on s'empresse d'en faire part aux personnes qui
ne peuvent la lire dans l'original. La précision et la clarté
qui caractérisent cet intéressant morceau, le mettent au
nombre des matériaux qui serviront à écrire un jour l'histoire de la campagne actuelle.]

—

Le dernier coup sous lequel devait expirer la
liberté de l'Europe, s'était annoncé du côté
des Français avec des préparatifs, avec un
appareil et un éclat qui exaltaient au plus
haut degré l'orgueil du soldat et l'attente des
partisans du système français ; un certain
nombre ne songeait plus qu'à franchir les
ruines de la Russie, pour courir à des expé-
ditions romanesques vers les contrées loin-
taines de la Perse et de l'Inde. Napoléon avait
hautement prononcé que *l'irrésistible destinée
de la Russie l'entraînait vers sa chute.* Il
laissait à découvert les moyens d'exécution

pour le plan qu'il avait arrêté de repousser les Moscovites au-delà des déserts de l'Asie, comme autant de barbares ennemis de la civilisation européenne. Sa renommée, sa fortune, et des armées formidables donnaient à ses paroles toute l'importance et tout le sérieux d'une prophétie. Un aussi présomptueux langage n'était calculé que pour en imposer plus sûrement. En effet, la partie pensante du public se laissait entraîner à une pleine confiance dans la sûreté de ses combinaisons politiques et militaires, tandis que le commun des esprits redoublait de croyance dans leur infaillibilité.

Déjà les paroles prophétiques de Napoléon semblaient s'accomplir : aussitôt que l'armée française eut atteint le Niémen, les Russes se retirèrent de tous côtés, et abandonnèrent à l'ennemi les provinces du nord de la Pologne ; elles levèrent bientôt après l'étendard de la révolte, et se réunirent aux Français. Napoléon avait promis à ses soldats de les conduire à Moscou. Là, leur avait-il dit, sera le terme de vos travaux et de vos efforts ; là, vous attendent une paix glorieuse et toute espèce de jouissances.

L'empereur des Français, toujours habile à profiter du premier moment d'illusion et de terreur pour surprendre ce qu'il appelle la paix, avait dirigé toutes ses opérations dans le dessein de s'emparer promptement de Moscou ; car il n'était pas moins assuré que ses soldats que c'était dans cette capitale qu'elle devait être conclue. Son calcul fut juste jusqu'à un certain point. Moscou tomba dans son pouvoir. Cependant il y eut une petite erreur : la paix ne fut pas conclue, ce qui ne donna pas à ses sages combinaisons une tournure très-favorable. Un léger incident qui eut lieu quelques jours avant, et qui ne cadrait pas trop avec la justesse de ses mesures, fut la bataille de Borodino. Dans cette mémorable journée, les Russes accueillirent si bien les vieilles bandes guerrières de Napoléon (selon l'expression favorite des bulletins), qu'elles les désabusèrent un peu de leur confiance dans l'habitude de triompher, et les envoyèrent à plus de deux milles (quinze werstes) du champ de bataille féliciter leur empereur sur sa victoire. Ce que ne purent exécuter les *vieilles bandes victorieuses*, fut également impossible aux bulletins français, quoique rien ne résiste à leur intrépidité ; mais leur langage n'était préparé que pour ceux qui n'avaient point été à cette bataille. Les Russes se retirèrent paisiblement et en bon ordre ; ils savaient ce qu'ils faisaient : les Français s'avancèrent avec défiance. Le bon ordre de cette retraite indiquait assez qu'elle tenait moins à la nécessité de quelque événement contraire, qu'à un plan sagement combiné. La solitude des villes et des villages situés sur le grand chemin ne s'accordait pas trop bien avec cet accueil à bras ouverts de la part des habitans, tel que Napoléon l'avait promis à ses *vieilles bandes ;* l'invasion de Moscou sans coup férir semble d'abord être une preuve de la justesse des vues du grand homme ; mais cette ville avait déjà cessé d'être la capitale de l'Empire ; car, à l'exception d'un petit nombre, ses habitants avaient quitté ses murs. L'ennemi n'eut en sa possession qu'un amas de maisons vides d'habitants, qui devint bientôt lui-même, par un sacrifice volontaire, un monceau de cendres et de ruines ; pour être la preuve que cette lutte était un combat à mort, et attester en même temps l'inébranlable constance du souverain et de la nation.

Dans ces entrefaites, l'armée russe, sous le commandement du feld-maréchal prince Kutusoff, avait, par une marche de flanc hardie, pris une position avantageuse à Létaschowka, entre Kaloüga et Moscou ; cette manœuvre avait pour but de couvrir les provinces méridionales. Pendant que l'armée s'augmentait par les renforts qui affluaient de tous côtés, elle harcelait et affaiblissait l'ennemi par des combats journaliers. Les forces russes étaient nombreuses et animées du meilleur esprit. Dans toutes les parties de l'Empire, le patriotisme déployait de nouvelles forces, pendant que les bulletins, remplissant leur tâche ordinaire, répandaient partout que la Russie touchait à son dernier moment, que ses armées étaient détruites, qu'elles ne consistaient plus qu'en de nouvelles levées de milices traînées par force ; en un mot, que l'épouvante et la confusion s'étaient emparées de tous les esprits.

De son côté, Napoléon fit circuler des proclamations aux habitants de Moscou et des environs, par lesquelles il les engageait amicalement à rentrer dans leurs foyers, et à y venir jouir de la protection de la *grande nation*. On ne conçoit pas trop comment d'aussi séduisantes invitations n'eurent absolument aucun effet ; car les guerres précédentes avaient démontré combien les propriétés de toute espèce étaient sacrées pour les Français, et jusqu'à quel point ils respectaient les temples et les autels : il est vrai que leur conduite à cet égard tenait plus, à les entendre, à une *certaine légèreté* qu'à une méchanceté réfléchie.

Après quelques tentatives infructueuses faites pour la paix, Napoléon crut que les Russes ne voulaient en traiter qu'à Moscou : il eut la générosité d'offrir d'évacuer cette ville en cendres, sous la condition d'un armistice, et de se retirer jusqu'à Wiazma, qui deviendrait le lieu désigné pour les conférences y relatives. Cette proposition ne fut pas heureuse ; car on lui répondit qu'on était très-surpris d'entendre parler de *paix* et d'*armistice* au moment même où la campagne s'ouvrait pour les Russes. La position de l'armée française était assez critique : investie dans une vaste circonférence, où venaient aboutir les chemins de Twer, Wladimir, Riasan et Kalouga, et autour des cendres de la capitale, devenue elle-même le centre de tous les incendies, elle se trouvait placée comme dans un vaste désert. Chaque jour les soldats sortaient par milliers de leur camp pour venir piller la ville. Un très-grand nombre se répandait aux environs pour avoir du pain et des fourrages ; des troupes entières de paysans armés se cachaient

en embuscade, et tuaient tous les jours une multitude de maraudeurs ; s'ils leur échappaient,
c'était pour tomber entre les mains des cosaques. La situation de Napoléon devenait de
jour en jour plus difficile, le manque de vivres
plus effrayant, les murmures des soldats plus
séditieux, et les espérances de paix s'évanouis-
saient également de plus en plus.

Après un séjour de cinq semaines, le con-
quérant prit le parti d'évacuer cette capitale.
Il eut soin de dire avant à ses soldats : *Je veux
vous conduire dans vos quartiers d'hiver. Si
je rencontre les Russes dans mon chemin,
je les battrai ; sinon, tant mieux pour eux.*
Mais ce langage prophétique n'était plus de
saison ; car la suite prouva qu'il rencontra les
Russes, et qu'il ne les battit pas, et qu'il fut
plus avantageux pour ceux-ci de l'avoir rencontré. Le 6 octobre (v. st.) à la pointe du jour,
le roi de Naples fut attaqué à Taroutina, à
quatre-vingts werstes de Moscou, et totalement
mis en déroute : vingt-six canons, deux mille
prisonniers et une immense quantité de bagage
tombèrent entre les mains des vainqueurs ; le
monarque lui-même n'échappa qu'avec la plus
grande peine.

Napoléon dirigea sa marche sur l'ancien

chemin de Kalouga. On put juger, par ses dispositions, qu'il n'avait pas sérieusement le
dessein de passer par cette dernière ville ; mais
qu'il avait songé, dès le commencement, à
s'ouvrir une issue par le Dnieper, où ses magasins étaient préparés, et qu'il ne marchait sur
Kalouga que pour jeter l'épouvante et tromper
les Russes par des mouvements simulés. Il gagnait
ainsi du temps, de l'avance, et avait l'avantage
de suivre parallèlement le grand chemin de Smolensko, qui n'était pas encore ravagé. Cependant, au lieu d'abuser, par cette manœuvre, le
prince Kutusoff, il fut au contraire surpris à
l'improviste par l'armée russe à Maloiaroslawitz, où le feld-maréchal, qui avait quitté
sa position, arriva le 11 octobre (v. st), à
l'entrée de la nuit. Le combat s'engagea vive-
ment le 12, seulement entre le sixième corps
de l'armée russe et le quatrième de l'armée
française, le reste des deux armées n'ayant
point été employé ; cette journée glorieuse
pour les armes russes mit tout de suite fin aux
ruses stratégiques de Napoléon, et traversa tous
ses plans : au lieu de tromper les Russes, ce
furent eux qui le trompèrent; au lieu de les
écarter du chemin, il avait lui-même à dé-
ployer ses mouvements dans un voisinage très-

incommode ; au lieu d'atteindre tranquillement ses quartiers d'hiver, il n'avait pas un moment à perdre pour s'assurer une prompte retraite ; au lieu enfin de choisir la route à son gré, il se voyait forcé de suivre le grand chemin, c'est-à-dire le désert qu'il s'était préparé lui-même.

L'armée française opéra donc sa retraite sur Mojaïsck le 14 octobre (v. st.), par Borowsk et Wéréia. Vingt régiments de cosaques, commandés par le général Platoff, l'avant-garde composée de deux corps d'armée d'infanterie, sous les ordres du général Miloradowitz, se mirent aussitôt à sa poursuite. Quant à la grande armée russe, elle s'avança vers la gauche, dans une ligne parallèle au grand chemin, et dans laquelle les vivres et les fourrages se trouvaient en abondance.

Les magasins français les plus voisins étaient à Smolensk. Maloiaroslawitz est à plus de cinquante milles (trois cent cinquante werstes) de cette ville ; traverser cette distance sans provision d'aucun genre, ayant à dos un ennemi acharné à la poursuite, était le problême que l'armée française avait à résoudre ; elle était redevable de toutes ces difficultés à son chef, qui, dans ce cas, ne pouvait pas plus attendre que prévoir quelque grossière méprise de la part des Russes, et qui avait entièrement né-gligé de prendre ces précautions ; ces moyens indispensables à un véritable capitaine qui traite ses soldats en père, et qui enfin condui-sait son armée à sa perte. Une prompte retraite, pour conserver ce nom, ne peut s'effectuer que dans un espace proportionné. Si elle a lieu dans une étendue hors de mesure, toute pré-cipitation devient alors funeste : car c'est le propre de toute manœuvre de ce genre, de décourager plus ou moins le soldat ; plus la vitesse et les distances sont grandes, plus elles tendent à lui faire perdre le véritable esprit qui le constitue. Ce mal est plus à craindre pour une armée que toutes les souffrances physiques auxquelles elle est ordinairement exposée. Napoléon agit en sens contraire de ce principe, et il paya sa faute de la perte de son armée et de sa réputation militaire.

Bientôt la famine se fit tellement sentir dans l'armée française, que les régiments se parta-gèrent en bandes de maraudeurs qui pillaient et ravageaient de tous côtés à quelques werstes du grand chemin ; les chevaux crevaient par milliers, et chaque corps était obligé de brûler une quantité immense de bagages et de fourgons qui n'avaient plus d'attelages. Tous les habitants des villages des gouvernements de Moscou et de Kalouga avaient pris les armes pour tirer vengeance des maux qu'ils avaient soufferts, et ils tuaient journellement des bandes de maraudeurs, pressés de plus en plus par les infatigables cosaques. L'ennemi fut obligé de suivre la grande route sans oser s'écarter de cette ligne. La grande armée n'avait presque plus pour nourriture que la chair de cheval ; déjà chaque jour voyait mourir de faim et de fatigue des centaines de soldats ; déjà on enlevait les chevaux à la cavalerie pour traîner l'artillerie : déjà les pièces de canon étaient abandonnées ou enfouies ; en un mot, la misère était grande, et n'offrait dans son effrayante progression, que la plus désolante perspective.

Le 22 octobre (v. st.), il y eut à Wiazma, un vif engagement à l'arrière-garde. Le premier corps commandé par le maréchal Davoust, et une partie du quatrième, fut chassé au delà de Viazma, et poursuivi jusque dans la nuit, avec une perte de vingt-cinq canons, de plusieurs mille hommes, tant tués que blessés ou prisonniers ; la ville elle-même, subissant le sort des autres par lesquelles les Français avaient passé, fut mise en cendres. C'est alors que la

rigueur des premiers froids se fit sentir, et
qu'elle devint un nouveau surcroît de misère
pour l'armée française. N'avoir d'autre nourriture que la chair de cheval gelée, aucune
boisson fortifiante, aucun vêtement d'hiver; bi-
vouaquer sur la glace et la neige, ces cruelles
extrémités étaient au-dessus de tout ce que la
force humaine pouvait supporter. Chaque nuit,
plusieurs centaines d'hommes périssaient gelés;
l'épuisement en emportait autant chaque jour.
Des monceaux de cadavres montraient les traces
du passage de l'armée; les soldats jetaient par
bandes armes et bagages; il n'était plus question d'ordre ni de discipline : le soldat ne s'in-
quiétait plus de son officier, ni celui-ci du soldat; chacun était tellement occupé de soi-
même, qu'il ne pensait à qui que ce soit, et n'é-
tait pas plus capable de commander que d'o-
béir. Parmi ces bandes bigarrées, formées de tous
les régiments confondus pêle-mêle, on ne distin-
guait que les corps qui conduisaient les bagages,
et qui à chaque instant étaient assaillis et pillés
par les cosaques qui fondaient de toutes parts.
On avait poussé l'imprévoyance à un tel point,
qu'on n'avait pas même songé, en cas de gelée,
à faire ferrer les chevaux à glace. Harrassés,
ils pouvaient à peine se soutenir sur un chemin

glissant; douze à quinze étaient attelés pour traîner une seule pièce; la moindre butte devenait un obstacle insurmontable. La cavalerie n'en avait pas plus à fournir; elle était, à l'exception de quelques régiments des gardes, réduite à marcher à pied; de cette manière, on ne pouvait plus faire avancer l'artillerie. A Dorogobusch, le quatrième corps laissa toute la sienne, composée de plus de cent pièces; de manière que le premier et le troisième, après l'arrivée de l'armée à Smolensk, en avaient déjà perdu plus de quatre cents. L'armée qui était partie de Moscou, forte de cent mille hommes, se montait, à Smolensk, à peine à soixante mille, parmi lesquels la moitié était à peine armée. L'ennemi passa deux jours à Smolensk, et ils furent signalés par le pillage, l'incendie et la plus horrible confusion. Les magasins qu'on y trouva ne furent pas d'un grand secours; car la portion fixée pour chaque jour, et qui même ne consistait qu'en farine, devint dans un instant, la proie d'une foule d'affamés. Un très-grand nombre ne put même en profiter; car chacun se trouvait forcé de la disputer à ceux qui la leur ravissaient : on avait aussi annoncé une distribution de munitions de guerre ; mais il ne se présenta que peu de soldats pour les recevoir.

Pendant ce temps l'armée russe s'avançait de Jelna par Smolensk sur Krasnoi, pour précéder l'ennemi; elle arriva vers la nuit, le 4 novembre (v. st.), et prit sa position à sept werstes de la ville où était arrivée le même jour l'armée française : le 5, on en vint aux mains. Napoléon avait déjà marché en avant avec la plus grande partie de ses gardes, les seuls qui eussent encore quelque tenue militaire; le premier et le quatrième corps furent engagés dans le combat et mis bientôt en déroute après quelque résistance, avec une perte considérable en morts et blessés ; vingt-cinq canons, la moitié des armes qu'avait encore l'armée, plusieurs mille prisonniers, un grand nombre d'aigles et de drapeaux, et le bâton du maréchal Davoust tombèrent entre les mains des vainqueurs. Le troisième corps, commandé par le maréchal Ney, fort d'environ quinze mille hommes, et qui depuis Wiazma formait l'arrière-garde, était encore à un jour de marche en arrière. Napoléon et ses généraux n'avaient aucune connaissance de celle de l'armée russe sur Krasnoi, c'est ce qui fit croire au maréchal Ney, lorsqu'il arriva le 6, que l'obstacle qui lui barrait le chemin n'était que quelques partis envoyés à la découverte;

mais il fut bien surpris, et trouva très-mauvais qu'on le sommât de se rendre. Je saurai me faire jour, dit-il au parlementaire qui lui fut envoyé, et il commença subitement l'attaque. L'affaire fut bientôt décidée; en moins d'une heure le corps qu'il commandait fut dispersé, quelques mille tués et blessés restèrent sur le champ de bataille; onze mille hommes environ se rendirent par détachements, les uns après les autres, et le maréchal lui-même prit la fuite par le Dnieper avec quelques centaines de soldats. Ce corps d'armée avait plus de vingt canons, et pas un seul cavalier. On fit un immense butin dans cette journée. Les dépouilles de Moscou qu'on avait sauvées des flammes, retombèrent en grande partie au pouvoir des Russes.

La retraite des Français peut se diviser en trois temps ou périodes qui, malgré une progression de maux qui leur est commune, n'empêche pas que chacune d'elles n'ait un caractère particulier : la première finit à Krasnoi. Le résultat qu'elle offrit du côté de l'ennemi, fut quarante mille prisonniers, parmi lesquels vingt-sept généraux, environ cinq cents canons pris, trente-un drapeaux, et un butin considérable : cette grande armée, naguères si formidable,

Fondue tout-à-coup , se réduisait à environ trente mille hommes dont à peine dix mille étaient en état de porter les armes. Vingt-cinq canons étaient ce qui restait de l'artillerie; pour la cavalerie , depuis long-temps il n'en était plus question.

L'armée russe présentait au contraire un autre spectacle ; elle comptait plus de soixante-dix mille hommes bien disposés , parmi lesquels seize mille de cavalerie et six cents pièces de canon qui l'accompagnaient.

Pendant que ce déluge de maux anéantissait l'armée ennemie, et que la honte d'une fuite aussi ignominieuse rongeait de chagrin et de désespoir le cœur du véritable soldat, les bulletins français gardaient toujours le même ton de sérénité et de jactance : ils affectaient de parler des événements avec une merveilleuse assurance; ils citaient des lettres datées du 8, de Moscou (quoiqu'il eût été évacué le 6), d'après lesquelles Napoléon tranquille et satisfait occupait toujours cette capitale avec ses gardes. Ces lettres publiaient que des corps détachés après même quelque légère résistance, s'étaient déjà rendus maîtres de Twer, de Toula et de Kalouga. Quant à la bataille de Taroutina, ils annonçaient que le roi de Naples avait donné aux

Russes une *vigoureuse leçon ;* que l'attaque de
la cavalerie française avait été des plus bril-
lantes. Par rapport à cette *leçon*, le redoutable
roi de Naples sait, à n'en point douter, ceux
qui l'ont donnée et ceux qui l'ont reçue. Et
relativement à la fameuse attaque de cavalerie,
ils eurent la modestie de convenir que les
cosaques avaient (de la manière la plus dé-
loyale, il est vrai) passé sur le corps des cuirassiers et des dragons français : enfin quand il
fallut toucher l'article de la fameuse retraite,
tous les amis des Français eurent le plaisir
d'apprendre, par le vingt-cinquième bulletin,
que Napoléon allait faire prendre à son armée
(qui les avait bien mérités) ses quartiers
d'hiver en passant par Smolensk ; que les Russes
n'osaient pas s'exposer à attaquer sérieusement
sa marche qui s'exécutait dans le plus grand
ordre ; que cette même armée (réduite alors au
plus affreux désespoir) était dans la meilleure
disposition, qu'elle avait tout en abondance,
qu'elle était singulièrement favorisée par la
saison, que l'empereur avait mis tant d'habi-
leté et de supériorité à combiner ce mouvement, qui avait pour but les quartiers d'hiver,
qu'on pouvait le regarder comme une opéra-
tion qui donnait l'offensive contre Pétersbourg,

parce que Smolensk, devenant ainsi un nouveau centre d'activité, était un peu moins éloigné de la nouvelle capitale que de l'ancienne. Jamais aucun bulletin n'avait outragé la vérité avec tant d'impudence; jamais les mots d'aucune langue n'avaient été déshonorés par un abus aussi révoltant. La plus horrible confusion recevait le nom de bon ordre; le plus affreux désespoir celui de sérénité et de bon accord; des malheureux expirants dans les angoisses de la faim représentés dans l'abondance, et l'éclatante vengeance du ciel annoncée comme en étant les bénédictions! dix mille victimes de la famine et du froid interprétaient bien autrement la faveur céleste aussi audacieusement blasphêmée. Les soldats français, malgré leur déplorable état, n'auraient pu s'empêcher de rire s'ils avaient appris que leur malheureuse fuite était transformée en un mouvement qui menaçait Pétersbourg. La seule expression qui pourrait être avouée par la vérité, était peut-être le nom de *quartiers d'hiver bien mérités;* car tous les fléaux qui avaient fondu tout à la fois sur l'armée étaient cette *récompense* pour toutes les atrocités qu'elle avait commises.

La seconde période de la retraite commence à Krasnoi et finit à la Bérésina : elle comprend un espace de vingt-six milles (cent quatre-vingt-deux werstes); elle semblait d'abord offrir à l'armée française un aspect moins affreux; car premièrement elle attendait au-delà du Dnieper sa réunion avec les corps de Victor, de Dombrowsky, et les restes de celui d'Oudinot; ce qui composait en tout environ trente mille hommes; en second lieu cette pour-suite dont elle avait tant éprouvé l'activité, avait semblé se ralentir par l'engagement du 6 avec le maréchal Ney; troisièmement, elle avait atteint la ligne de ses magasins, et une contrée qu'elle pouvait regarder comme dévouée à ses intérêts; quatrièmement, la rigueur du temps s'était un peu radoucie; mais tous ces avantages et ces consola-tions s'évanouirent à la nouvelle que l'ar-mée de l'amiral Tschitschagoff était arrivée à Minsk pour recevoir l'armée française aux bords de la Bérésina, et que le comte de Wittgenstein, renforcé par le général Steinheil, s'approchait également de Tschaschnikoff, pour combiner ses opérations avec l'armée de Mol-davie. Les mouvements de ces armées réunies ouvraient à l'ennemi une nouvelle carrière de dangers, dont le moindre devait être la répé-tition de la précédente journée de Krasnoi.

Napoléon comprit alors tout l'embarras de sa position, et vit qu'il ne lui restait d'autre moyen que de précipiter sa marche vers la Bérésina ; arrivé à Orcha, il trouva les députés du gouvernement de Mohileff qui s'y étaient rassemblés pour recevoir ses ordres : l'empereur, ordinairement jaloux de ces sortes d'hommages, renvoya les députés à leur poste sans avoir daigné les recevoir : car il n'ignorait pas qu'il faut toujours en imposer à des gens de cette espèce, et qu'un train aussi modeste que celui qu'il offrait cette fois à leurs yeux, ne pouvait produire que le plus mauvais effet. Il avait aussi ses raisons particulières pour ne pas mettre son armée en spectacle, parce que cette même armée tendant par un mouvement actif et latéral vers Pétersbourg, avait un peu perdu de sa tenue, et que le froid en avait forcé une partie à se travestir en habit de prêtres, et l'autre en habits de femme, ce qui ne ressemblait pas tout-à-fait au costume militaire de guerriers aussi renommés. Aussitôt que Napoléon eut concentré autour de lui les renforts dont nous venons de parler, il euvoya les Polonais vers la gauche à Borizoff, que l'amiral Tschitschagoff occupait déjà, et plaça le corps de Victor vers la droite, à l'opposé du général Wittgens-

tein : sous la protection de ces détachements ;
il parvint, le 13, avec le reste de son armée,
aux rives de la Bérésina, fit jeter un pont à
Tembin, 13 werstes au-dessus de Borizoff, et
passa la rivière sans perdre de temps. Les horreurs de ce passage seront à jamais présentes
à la mémoire du soldat français. — Il dura deux
jours. — D'abord ils s'y portèrent en foule et
en tumulte, car depuis long-temps l'armée ne
connaissait plus ce que c'était qu'ordre et
marche régulière ; un grand nombre fut englouti
dans les flots : mais lorsque l'armée russe s'avançait en jetant de côté le corps de Victor et de
Dombrowski, et que tous, courant en désespé-
rés, se précipitaient à la fois vers le pont, cette
scène d'horreur et de confusion parvint à son
comble. Les bagages, les trains d'artillerie,
les chevaux de trait, la cavalerie, l'infanterie,
tout s'empressait de franchir la rivière : le plus
fort renversait le plus faible, celui-ci le jetait
dans les flots ou le terrassait. L'officier, le soldat confondus, ne songeaient qu'à se sauver :
plusieurs centaines furent écrasées sous les trains ;
quelques-uns cherchant l'endroit du fleuve le
plus étroit pour le passer à la nage, tombaient
transis de froid : d'autres essayaient de passer
à la faveur des blocs de glace qui flottaient çà

et là, et plongeaient tout à coup ; partout des cris de mort et d'alarmes, et nulle part du secours. Enfin, quand les batteries russes eurent commencé à foudroyer le pont et les deux rives, le passage fut interrompu : une division entière de sept mille cinq cents hommes du corps de Victor, avec cinq généraux, se rendit par capitulation ; plusieurs mille furent noyés ; assommés : une immense quantité de canons, de bagages restèrent sur la rive gauche du fleuve : telle fut la fin de cette seconde période : elle donna pour résultat vingt mille prisonniers, environ deux cents pièces de canon et un butin considérable.

C'est sans doute un système de police habilement organisé, que celui qui parvient à dérober au public la connaissance des événements qui l'intéressent le plus ; les Français, qui ont porté aujourd'hui cet art au plus haut degré de perfection, l'apprirent à leurs dépens dans cette circonstance. Partout où les troupes se trouvèrent alors, elles ignorèrent les revers multipliés de l'armée. Wilna, devenue le centre des nouvelles provinces confédérées, et le siége de l'administration française, jouissait d'une surveillance particulière, et fut maintenue longtemps dans une ignorance absolue de ce qui se passait autour d'elle ; le public croyait réellement aux mensonges du vingt-cinquième bulletin. On fut effrayé, il est vrai, quand on apprit que l'armée de Moldavie s'était emparée de Minsk, et qu'elle se dirigeait sur Borizoff. Cependant les esprits reprirent assez leur premier calme en apprenant, par la gazette de Wilna, que la marche de l'armée russe cadrait tout-à-fait avec le plan de Napoléon ; et que c'était précisément par cet événement qu'elle courait à sa perte. Mais les courriers de l'armée n'arrivant plus, l'agitation et l'inquiétude se manifestèrent de nouveau. Après être restés douze mortels jours sans aucunes nouvelles, le duc de Bassano envoya un jeune Polonais qu'il fit, dit-on, déguiser en femme, pour savoir quelque chose de l'armée : il reparut cinq jours après, et apporta (au grand contentement des Français) la nouvelle bientôt répandue par les gazettes, qu'il avait trouvé l'empereur à la Bérésina, dans la plus belle humeur du monde, et sur le point de marcher sur l'amiral Tschitschagoff, qui avait donné tête baissée dans le piége qu'on lui avait tendu ; que du reste, l'empereur n'avait avec lui que la moitié de son armée : quant à l'autre, il l'avait laissée à Smolensk, parce qu'il n'en avait pas besoin. Quelques jours après, le grand homme arriva en personne, et son voyage clandestin donna pleine carrière à tous les commentaires auxquels prêtaient naturellement ces étranges nouvelles.

La troisième période de la retraite va de la Bérésina jusqu'au Niémen; et de ce dernier endroit jusqu'en Prusse. Quoiqu'elle paraisse encore plus désastreuse pour les Français, à raison de leurs maux parvenus au dernier terme, elle offre cependant (militairement parlant) beaucoup moins d'intérêt; car elle ressemble à une chasse le long de la grande route. Environ quarante mille hommes, qui avaient encore sauvé quelqu'artillerie, avaient passé la Bérésina; mais dans quel déplorable état étaient ces malheureux débris ! Un froid rigoureux vint mettre le comble à leur détresse : c'est alors que n'ayant plus la force de résister à tant de souffrances, ils jetaient armes et bagages : la plupart n'avaient ni bottes ni chaussure; ils étaient affublés de couvertures, et avaient entortillé leurs pieds avec de vieux chapeaux. Chacun tâchait de se garantir la tête et les épaules avec ce qu'il avait pu trouver, et pour avoir un abri de plus contre le froid. Les uns avaient de vieux sacs, d'autres des nattes, des peaux d'animaux fraîchement écorchés : heureux celui qui avait pu enlever quelques lambeaux de fourrures ! Les officiers, les soldats, frappés d'un stupide engourdissement, ayant les bras et le visage entièrement cachés, se traînaient l'un près de l'autre ; les soldats de la garde ne différaient en rien du reste : ils étaient en lambeaux, mourant de faim et sans armes : toute défense leur était impossible. Le seul cri de *cosaque* suffisait pour pousser des colonnes entières en avant : et il n'en fallait que quelques-uns pour prendre des centaines de fuyards. Le chemin que tenait l'armée était jonché de cadavres. Chaque bivouac ressemblait le lendemain à un champ de bataille. Aussitôt que l'un d'eux succombait d'épuisement, ses camarades le dépouillaient à nu, respirant encore, pour se couvrir des débris de ses vêtements. Toutes les maisons et les granges étaient mises en feu : chaque terrein incendié était couvert de cadavres ; car ceux qui avaient encore pu s'en approcher n'ayant plus la force de se retirer, lorsque la flamme s'étendait, en étaient saisis et consumés. Les chemins étoient couverts de prisonniers qui n'avaient besoin d'aucune surveillance. A tant d'horreurs succédaient d'autres horreurs. Défigurés par la pâleur et la fumée, ils se rangeaient auprès du feu, comme des spectres, sur les cadavres de leurs camarades, jusqu'à ce qu'ils tombassent et mourussent comme eux. Un grand nombre, dont les pieds étaient nus et déjà gangrenés, réduits à un état complet d'imbécillité, marchaient à peine; d'autres avaient perdu la parole. On en a vu même quelques-uns tomber par l'excès du froid et de la faim, saisis d'une stupide frénésie, se porter jusqu'à faire rôtir et manger la chair des cadavres de leurs semblables, ou se ronger les mains et les bras. Il y en avait qui, n'ayant pas la force de porter du bois pour alimenter la flamme, s'asseyaient sur les corps de leurs camarades auprès d'un petit feu, avec lequel ils s'éteignaient eux-mêmes. Dans cet état d'insensibilité, il s'en est trouvé qui, machinalement portés vers le feu par le besoin de se chauffer, se brûlaient volontairement avec de lamentables cris : ils étaient suivis par d'autres qui éprouvaient le même sort. En un mot, il n'y a que ceux qui ont eu le malheur d'être les témoins d'un si affreux spectacle, qui puissent avoir une idée de tant de calamités réunies, et dont les annales du monde n'offrent aucun exemple.

La division de Wilna du général Loison était

arrivée de Kœnigsberg : elle était à peu-près de dix mille hommes, Allemands pour la plupart : elle avait été envoyée au-devant de l'armée jusqu'à Oszmiana, sept milles (cinquante werstes) de Wilna, pour protéger sa retraite. En moins de quatre jours cette même division, sans avoir combattu, fut réduite à trois mille par les seules fatigues de la marche et du bivouac, et ces débris furent ou taillés en pièces ou faits prisonniers en avant de cette dernière ville.

Napoléon, le restaurateur de la Pologne, dont les bulletins naguères assuraient que le tonnerre de l'artillerie française devait retentir jusqu'en Asie, passa le 24 à Wilna, gardant l'incognito, et dans le plus modeste équipage. L'armée, du 26 au 28, défila le matin dans le plus terrible désordre, encombrant les rues de cadavres. Elle était tout à la fois pour les habitants un objet de pitié et de dérision ; mais dans la matinée du 28, au moment où le fatal cri d'alarmes *cosaques ! cosaques !* se fit entendre, et que les soldats sortant des maisons s'élançaient vers les portes de la ville pour fuir à toute hâte, les Juifs, sans distinction d'âge, vinrent les assaillir : ils dirigeaient leurs coups spécialement sur les gardes, dont ils avaient enduré les plus mauvais traitements, et en

tuèrent un très grand nombre. Cette précipita-
tion préserva la ville de l'incendie et du pillage :
c'était la première qui depuis Moscou avait
échappé au sort qu'elles avaient toutes déjà
subi ; de Wilna les Français parvinrent à
Kowno : à peine vingt-cinq mille hommes passèrent le Niémen ; la plus grande partie de l'artillerie avait été laissée devant cette première
ville , et les restes dans ce dernier endroit. Le
résultat donné par ces trois périodes , fut la prise
de plus de cent mille hommes, parmi lesquels
cinquante généraux et environ neuf cents pièces
de canon. Depuis Kowno les cosaques con-
tinuent leur ardente poursuite : un petit nombre
de fuyards atteindra la Vistule ; et s'il y parvient,
il ne doit pas survivre au hasard d'avoir échappé
à tant de dangers. Les fatigues du soldat l'ont
trop épuisé pour qu'il ne succombe pas quand
même il trouverait le repos et les meilleurs traitements ; c'est ce dont on a l'exemple chaque jour
par les prisonniers qui meurent après le premier bon repas qu'ils n'ont plus la force de
supporter.

Telle est la fin de l'orgueilleuse et extravagante
entreprise de Napoléon : ainsi ont été remplies
ces promesses qu'il s'imaginait être sorties de
sa bouche comme autant de sentences émanées

d'un oracle infaillible. Ce n'est pas la Russie, mais le tyran qui voulait l'envahir, qui est *entraîné par son irrésistible destinée*. C'est par sa chute que l'Europe dans les fers doit recouvrer sa liberté ; sa réputation, sa fortune ont échoué devant la bonne cause que l'Empereur Alexandre a soutenue avec une constance si héroïque. Le jugement porté sur cette armée et sur son chef a pour base et pour mesure les atrocités et la scélératesse qui le signaleront aux races futures comme le plus terrible fléau qui ait affligé l'humanité.

Discours de l'empereur (Napoléon) *en passant par Varsovie, le 5 décembre 1812, tenu en présence de l'Ambassadeur de France et des Ministres Polonais.*

« Personne ne pouvait prévoir cette issue malheureuse d'une campagne commencée si glorieusement. J'ai commis deux fautes : d'être allé à Moscou, et de m'y être arrêté si long-temps. On me blâmera peut-être ; cependant c'était une grande et audacieuse mesure ; mais il est vrai que du sublime au ridicule le pas est petit. La postérité jugera. Je n'ai pas été battu par les Russes, mais je n'ai pas pu vaincre les éléments. Je n'ai pas manqué de provisions ; c'est le froid excessif seul qui est la cause de mes désastres. Dans l'espace de peu de jours, je perdis trente-cinq mille chevaux. Le soldat français et allemand, ainsi que les chevaux, ne sont pas faits pour le climat ; ils ne résistent pas au froid. Passé sept degrés, ils ne sont plus bons à rien. Généraux et officiers, je n'ai plus trouvé personne à son poste. Jusqu'au 6 novembre, j'étais maître de l'Europe : je ne le suis plus. J'ai été dix-sept jours privé de toute communication quelconque. Je sais qu'on

‘ travaille l'Allemagne, et il faut que j'aille à Paris pour surveiller Berlin et Vienne, et voir ce qui s'y passe. Mes soldats m'ont prié de quitter l'armée ; ma présence n'y était plus nécessaire. L'armée n'est actuellement pas si grande, que mes généraux ne puissent la conduire. Je m'arrêterai une heure à Dresde pour parler au roi, et poursuivrai ensuite ma route jusqu'à Paris. J'y tomberai à minuit, comme une bombe ; le lendemain, on sera si étonné de mon retour, que l'on ne parlera plus d'autre chose dans la capitale et dans toute la France, et l'on oubliera ce qui est arrivé. Il me faut de l'argent et des bras : je vais en chercher. Je me prépare une nouvelle armée de trois cent mille hommes, avec laquelle je marcherai le printemps prochain, et je détruirai les Moscovites. Je suis extrêmement content des troupes polonaises, et aucunes ne les égalent en courage, en persévérance et bonne discipline. L'armée française n'est plus ce qu'elle a été. Elle a perdu toute discipline ; je ne la connais plus. Vous pouvez (aux ministres polonais) être assurés de ma protection ; je ne vous abandonnerai jamais. »

RÉFLEXIONS

SUR LE VINGT-NEUVIÈME BULLETIN,

Par un Militaire russe.

———

Molodetschno, le 3 décembre 1812.

« Jusqu'au 6 novembre, le temps a été par-
» fait, et le mouvement de l'armée s'est exé-
» cuté avec le plus grand succès. Le froid a
» commencé le 7 ; dès ce moment, chaque
» nuit nous avons perdu plusieurs centaines de
» chevaux, qui mouraient au bivouac. Arrivés
» à Smolensk, nous avions déjà perdu bien
» des chevaux de cavalerie et d'artillerie.

» L'armée russe de Wolhynie était opposée
» à notre droite. Notre droite quitta la ligne
» d'opérations de Minsk, et prit pour pivot de
» ses opérations la ligne de Varsovie. L'empe-
» reur apprit à Smolensk, le 9, ce changement
» de ligne d'opérations, et présuma ce que
» ferait l'ennemi. Quelque dur qu'il lui parût
» de se mettre en mouvement dans une si

» cruelle saison, le nouvel état des choses le
» nécessitait. Il espérait arriver à Minsk, ou
» du moins sur la Bérésina, avant l'ennemi; il
» partit le 13 de Smolensk; le 16 il coucha à
» Krasnoi. Le froid, qui avait commencé le 7,
» s'accrut subitement, et, du 14 au 15, et au
» 16, le thermomètre marqua seize et dix-huit
» degrés au-dessous de glace. Les chemins
» furent couverts de verglas; les chevaux de
» cavalerie, d'artillerie, de train, périssaient
» toutes les nuits, non par centaines, mais par
» milliers, surtout les chevaux de France et
» d'Allemagne : plus de trente mille chevaux
» périrent en peu de jours; notre cavalerie se
» trouva toute à pied; notre artillerie et nos
» transports se trouvaient sans attelage. Il fallut
» abandonner et détruire une bonne partie de
» nos pièces et de nos munitions de guerre et
» de bouche. »

La réputation des bulletins, qui n'a jamais
été brillante, est encore tombée avec celle de
l'armée française. L'habitude et la curiosité
portent encore à les lire; mais dégoûté par les
invraisemblances et les contradictions qu'on y
trouve à chaque ligne, le lecteur raisonnable
fera bien de dépouiller à leur égard la sévérité

d'un juge amoureux de la vérité. Il faut être indulgent pour ceux qui plaident une mauvaise cause, et savoir combien un auteur se trouve embarrassé quand les faits déposent contre lui.

Après des observations très-intéressantes sur le temps, observations d'almanach très-instructives pour les militaires, le vingt-neuvième bulletin entame une longue discussion à l'usage des officiers de cavalerie, sur l'effet prodigieux que le froid opère sur les chevaux de France et d'Allemagne. Cet effet est tel, qu'un beau matin, après une nuit rigoureuse, l'armée française, en se réveillant, a trouvé tous les chevaux gelés au bivouac. Qu'on s'imagine l'impression qu'un tel malheur a dû produire sur les chefs et les soldats. Aussi les chefs perdirent la tête, et les soldats perdirent courage. Cette nuit terrible a été la seule et unique cause de tous les malheurs de l'armée française! En étudiant l'histoire de cette guerre mémorable, il faut donc bien se garder de quelques préventions que les historiens chercheront certainement à donner à la postérité. Ils diront, par exemple, que Napoléon avait entrepris une expédition au-dessus de ses forces.... Erreur. — Elle n'était qu'au-dessus de la force des chevaux. Ils diront que Napoléon, à la bataille de Borodino ou de Mojaïsk, a fait attaquer, par entêtement, toutes les batteries de notre gauche par sa cavalerie, que le feu du canon a presqu'anéantie dans ces attaques réitérées.... Erreur, notre canon n'a pas produit le moindre effet; le froid seul, au cœur de l'été, a détruit cette immense cavalerie. Ils diront, que l'opiniâtreté de Napoléon à rester à Moscou, l'ayant forcé de faire fourrager à soixante verstes à la ronde par les chevaux d'artillerie, a mis cette même artillerie hors d'état de bien exécuter une longue retraite...Erreur.—Les chevaux d'artillerie sont infatigables, comme ceux de la cavalerie sont invulnérables; tous n'ont d'autre défaut que d'être trop frileux. Ils diront, que la retraite des Français, mal ordonnée, s'est exécutée sur trois colonnes à un jour de distance, par une seule et unique route, et que la marche de flanc des Russes a partout devancé la queue des colonnes françaises...... Nouvelle erreur : cette retraite était très-belle, très-bien ordonnée, très-bien exécutée; le froid seul a pu la rendre détestable. Ils diront que les Russes, infatigables dans la poursuite de l'ennemi, non contents de l'avoir battu à Malojaroslavetz, Viasma, Dorogobusch et Krasnoi, d'avoir fait quatre-vingt mille prisonniers, et enlevé, jusqu'à cette époque, plus de cinq cents canons, ont encore combiné les marches des armées de Volhynie et de la Dwina sur la Bérésina, où ils ont achevé de détruire l'artillerie française....... Erreur, erreur, erreur..... Les Français n'ont jamais été ni coupés, ni battus. Le froid a tué leurs chevaux; les chevaux une fois morts, les hommes ne leur ont pas survécu; la cavalerie s'est trouvée à pied, l'infanterie sur les dents, les canons ont été abandonnés, les plans déconcertés, la bagarre a commencé; et voilà comment le froid seul a chassé les Français au-delà de la Vistule, et Napoléon à Paris. Cette belle explication des désastres de l'armée française est aussi intéressante que les détails de tous ces combats, où les Français triomphent sans cesse des Russes, font des prisonniers, et gagnent toujours du terrein *vers le Niémen.* Dans toutes ces dissertations, on peut remarquer que le thermomètre joue un grand rôle, et qu'on y calcule avec autant de soin les degrés au-dessous de zéro que les avantages remportés par les Français. Enfin, de détails en détails, de calcul en calcul, tandis que le froid allait toujours en augmentant, et l'armée française en diminuant, on nous conduit au dernier ré-

sultat, que le rédacteur des bulletins nie avec
impudence, mais que la renommée publie en
dépit des bulletins. Ce résultat est la ruine com-
plète de l'armée française; l'évacuation totale
des provinces russes est la fuite du reste des
vainqueurs en Allemagne, où ils vont se reposer sur des lauriers que le froid seul a pu flétrir.

« Cette armée, si belle le 6, était bien diffé-
» rente dès le 14, presque sans cavalerie, sans
» artillerie, sans transports. Sans cavalerie,
» nous ne pouvions pas nous éclairer à un
» quart de lieue; cependant, sans artillerie,
» nous ne pouvions pas risquer une bataille
» et attendre de pied ferme; il fallait occuper
» un certain espace pour ne pas être tournés,
» et cela sans cavalerie qui éclairât et liât les
» colonnes. Cette difficulté, jointe à un froid
» excessif subitement venu, rendit notre situa-
» tion fâcheuse. Les hommes que la nature n'a
» pas trempés assez fortement pour être au-
» dessus de toutes les chances du sort et de la
» fortune, parurent ébranlés, perdirent leurs
» gaîté, leur bonne humeur, et ne rêvèrent
» que malheurs et catastrophes; ceux qu'elle
» a créés supérieurs à tout, conservèrent leur
» gaîté et leurs manières ordinaires, et virent

» une nouvelle gloire dans des difficultés dif-
» férentes à surmonter. »

En effet, la différence était sensible. — Cette
belle armée de quatre cent mille combattants,
composée de l'élite des braves de presque
toutes les nations de l'Europe, qui ne rêvait
d'abord que la conquête de la Russie entière,
et dont chaque individu, enivré des plus folles
espérances, marchait avec confiance sous les
drapeaux de Napoléon ; dégoûtée d'abord par
la résistance généreuse des Russes, étonnée de
leur constance dans une retraite longue et pé-
nible, vaincue depuis dans plusieurs affaires
sanglantes, qui réduisirent presqu'au quart le
nombre de ses soldats, se voyant maintenant
sans ressources, sans approvisionnement, opposée à une armée brave et disciplinée, qu'elle
avait appris à redouter dans sa retraite même,
se présenta à la bataille de Krasnoi avec la
timidité d'une troupe de fuyards. Cette bataille
qui, d'après le bulletin, paraît n'avoir jamais
eu lieu, a porté le dernier coup à l'armée française. Sans entrer dans ces détails qui sont con-
nus par le rapport du maréchal prince Koutousoff, nous ne citerons qu'une seule anec-
dote, qui a été certifiée par le témoignage d'un

prisonnier russe , échappé le lendemain et spectateur du fait. Napoléon , présent au commencement de l'affaire , dirigea d'abord lui-même
la défense. Tant que l'attaque ne fut conduite
que sur le front de la ligne , l'ennemi fit une
bonne résistance ; mais bientôt nos colonnes ga-
gnèrent le flanc droit des Français. Ce moment
fut décisif. Le grand général perdit la tête. Il
piqua des deux , et courut sans s'arrêter jusqu'à
Ladi. Le maréchal Davoust , laissé pour commander l'armée , ne trouva pas apparemment
que le commandement d'une armée prise en
flanc , soit un poste d'honneur : il aima mieux
suivre la retraite précipitée du maître , se rap-
pelant certainement qu'il avait juré de ne jamais
l'abandonner. Il dépouilla ses habits de général ,
déposa son cordon , ses ordres et son bâton de
maréchal , qui depuis sont tombés au pouvoir
des cosaques , et se fiant à la bonté de son
cheval , courut à toutes jambes retrouver son
souverain, sans doute pour concerter avec lui
quelque nouvelle retraite importante. Napoléon
à Ladi trouva une partie de sa garde et les gros
bagages. Arriver , changer de cheval , ordon-
ner qu'on se mette en retraite à la hâte , et conduire lui-même cette retraite , fut l'affaire d'un
moment. Entouré de sa garde , il oublia le reste

de l'armée ; qui , abandonnée à elle-même ,
s'enfuit et oublia à son tour le corps du maréchal Ney qu'elle devait sauver. Le rédacteur
des bulletins, quoiqu'assez bavard naturellement, sait cependant souvent se taire à propos.
Il appelle cette fuite une retraite ; l'armée qui
l'a exécutée , une armée victorieuse, et le général qui l'a conduite, le plus grand des généraux.

« L'ennemi , qui voyait sur les chemins les
» traces de cette affreuse calamité qui frappait
» l'armée française , chercha à en profiter. Il
» enveloppait toutes les colonnes par ses co-
» saques, qui enlevaient, comme les Arabes,
» dans les déserts, les trains et les voitures qui
» s'écartaient. Cette méprisable cavalerie , qui
» ne fait que du bruit , et n'est pas capable
» d'enfoncer une compagnie de voltigeurs, se
» rendit redoutable à la faveur des circons-
» tances. Cependant , l'ennemi eut à se repen-
» tir de toutes les tentatives sérieuses qu'il vou-
» lut entreprendre ; il fut culbuté par le vice-
» roi au - devant duquel il s'était placé , et il
» y perdit beaucoup de monde. »

Ces cosaques (1), misérables Arabes, qui

____

(1) On prétend que Napoléon a ordonné de former des
cosaques polonais: il avait critiqué les lances et a formé des

6

ne peuvent charger que contre des bagages ;
et ne sont pas capables d'enfoncer une compagnie de voltigeurs, ont détruit à eux seuls
presque le tiers de l'armée ennemie. Vive la
mauvaise cavalerie !....

« Le duc d'Elchingen qui, avec trois mille
» hommes, faisait l'arrière-garde, avait fait
» sauter les remparts de Smolensk. Il fut cerné,
» et se trouva dans une position critique : il
» s'en tira avec cette intrépidité qui le dis-
» tingue. Après avoir tenu l'ennemi éloigné
» de lui pendant toute la journée du 18, et
» l'avoir constamment repoussé, à la nuit il fit
» un mouvement par le flanc droit, passa le
» Borysthène, et déjoua tous les calculs de l'en-
» nemi. Le 19, l'armée passa le Borysthène à
» Orza, et l'armée russe fatiguée, ayant perdu
» beaucoup de monde, cessa là ses tentatives. »

Le duc d'Elchingen avec son corps et les
restes du 1er, battu à Malojaroslavetz et Viasma,
arriva le lendemain de la bataille de Krasnoi,

---

régimens de lanciers ; mais l'on craint beaucoup que les nouveaux cosaques ne vaillent pas mieux que les nouveaux lanciers.

La critique est aisée, et l'art est difficile.

venant de Smolensk , dont il s'était amusé à faire sauter les antiques remparts et à brûler les maisons. Il n'en crut pas à ses yeux. L'armée russe rangée en bataille et prête à le recevoir ! Quelle surprise lui avait menagée Napoléon ! Cependant l'attaque est résolue. Quelques colonnes s'avancent au pas de charge, elles sont anéanties. Aussitôt le maréchal prend son parti en homme de tête. Il abandonne son corps comme Napoléon avait abandonné l'armée : tel maître, tel valet. Ney fuyant à travers les champs est reçu à bras ouverts par l'empereur qui dit, en le voyant : « Il a fait ce que j'aurais » fait à sa place. » Phrase remarquable, qu'il avait pris la peine de prouver à Krasnoi, même avant de l'avoir dite.

Dans ce même paragraphe il faut nécessairement ajouter un errata. Ney n'avait pas deux mille hommes, mais bien quinze mille dont douze mille ont capitulé. Il s'est donc bien échappé avec trois mille hommes ; mais il n'est arrivé au quartier de Napoléon qu'avec cent cinquante hommes seulement. L'empereur le croyant perdu, s'était écrié à plusieurs reprises: « S'il fallait donner deux millions, je les don- » nerais pour racheter Ney.... » Il est bon que le public apprenne enfin ce que vaut un maréchal de France. Dans l'opinion de Buonaparte, le prix en est fixé.

« L'armée de Wolhynie s'était portée dès
» le 16 sur Minsk, et marchait sur Borizow. Le
» général Dombrowski défendait la tête de
» pont de Borizow avec trois mille hommes.
» Le 23, il fut forcé, et obligé d'évacuer cette
» position. L'ennemi passa alors la Bérésina,
» marchant sur Bobr, la division Lambert
» faisait l'avant-garde. Le deuxième corps,
» commandé par le duc de Reggio, qui était
» à Tscherein, avait reçu l'ordre de se porter
» sur Borizow pour assurer à l'armée le pas-
» sage de la Bérésina. Le 24, le duc de Reggio
» rencontra la division Lambert à quatre lieues
» de Borizow, l'attaqua, la battit, lui fit deux
» mille prisonniers, lui prit six pièces de
» canon, cinq cents voitures de bagages de
» l'armée de Wolhynie, et rejeta l'ennemi
» sur la rive droite de la Bérésina. Le général
» Berkeim, avec le quatrième de cuirassiers,
» se distingua par une belle charge. L'ennemi
» ne trouva son salut qu'en brûlant le pont,
» qui a plus de trois cents toises. »

Mon Dieu! quelle terrible affaire que celle-ci!

L'armée française, la grande armée a battu
deux régiments de chasseurs. Ces régiments,
emportés par la poursuite de Dombrowski,
tombèrent sur tout le deuxième corps d'armée,
soutenu immédiatement par toute l'armée, et
après s'être défendus en braves, furent obligés
d'abandonner à Borizow deux cents ou trois
cents de leurs blessés. En passant la rivière
ils brûlèrent le pont. Le grand miracle! l'étonnante victoire! Il est vrai que c'étaient les
mêmes régiments qui avaient forcé les retran-
chements de la tête de pont de Borizow, et
avaient anéanti à eux seuls presque toute la
division de Dombrowski; aussi l'armée française en a tiré une vengeance terrible. Elle
leur a fait deux mille prisonniers, quoiqu'ils ne
formassent en tout que quinze cents hommes.
Elle leur a enlevé six pièces de canon, quoiqu'ils n'en eussent pas un seul avec eux; cinq
cents voitures, quoiqu'il soit absurde de sup-
poser que cinq cents voitures suivent deux
malheureux régiments incomplets : *et voilà
comme on écrit l'histoire.*

« Cependant l'ennemi occupait tous les pas-
» sages de la Bérésina : cette rivière est large
» de quarante toises : elle charriait assez de

» glace; mais ses bords sont couverts d'un ma-
» rais de deux cents toises de long, ce qui la
» rend un obstacle difficile à franchir.

» Le général ennemi avait placé ses quatre
» divisions dans différents débouchés où il pré-
» sumait que l'armée française voudrait passer.

» Le 26, à la pointe du jour, l'empereur,
» après avoir trompé l'ennemi par divers mou-
» vements faits dans la journée du 25, se porta
» sur le village de Studzianca, et fit aussitôt,
» malgré une division ennemie, et en sa pré-
» sence, jeter deux ponts sur la rivière. Le duc
» de Reggio passa, attaqua l'ennemi, et le mena
» battant deux heures; l'ennemi se retira sur
» la tête de pont de Borisow. Le général
» Legrand, officier du premier mérite, fut
» blessé grièvement, mais non dangereuse-
» ment. Toute la journée du 26 et du 27 l'armée
» passa.

» Le duc de Bellune, commandant le 9ᵉ
» corps, avait reçu ordre de suivre le mouve-
» ment du duc de Reggio, de faire l'arrière-
» garde et de contenir l'armée russe de la Dwina
» qui le suivait. La division Partounaux faisait
» l'arrière-garde de ce corps. Le 27, à midi,
» le duc de Bellune arriva avec deux divisions
» au pont de Studzianca. »

Le grand prodige du passage de la Bérésina s'est donc enfin opéré! Le vainqueur des nations peut se dire : « Je suis sauvé. » Que de détails sur la rivière, sur le passage! Il n'y manque qu'une seule clause , c'est d'ajouter que si les renforts attendus par l'amiral Tschitchagoff étaient arrivés , jamais un seul Français n'eût passé cette rivière. En effet, avec vingt mille hommes , dont quinze mille seulement d'infanterie , il était mal aisé de garder tous les passages d'une rivière dont les bords étaient pleins de bois et de marais, et qui elle-même était pleine de gués, surtout quand les derrières de ces vingt mille hommes étaient mènacés par quarante mille Autrichiens et Saxons. Napoléon n'avait besoin ni de ruses, ni d'adresse pour passer ; il fallait tout simplement tenter le passage. C'est ce qui arriva le 26 (14). Les généraux russes ne pouvaient songer à arrêter sa marche, Peu importait, au reste, à notre armée, que l'ennemi fût exterminé au passage de la Bérésina', ou bien après; il fallait seulement reposer la grande armée russe, et mettre en activité de poursuite des troupes plus fraîches. Quant à la personne même de sa majesté l'empereur des Français et roi d'Italie, etc., il paraît que, sauvé ou prisonnier, sa vie

influera peu désormais sur les destinées de la
Russie.

« La division Partounaux partit à la nuit de
» Borisow. Une brigade de cette division qui
» formait l'arrière-garde, et qui était chargée
» de brûler les ponts, partit à sept heures du
» soir; elle arriva entre dix et onze heures;
» elle chercha sa première brigade et son gé-
» néral de division, qui étaient partis deux
» heures avant, et qu'elle n'avait pas rencon-
» trés en route. Ses recherches furent vaines :
» on conçut alors des inquiétudes. Tout ce qu'on
» a pu connaître depuis, c'est que cette pre-
» mière brigade, partie à cinq heures, s'est éga-
» rée à six, a pris à droite au lieu de prendre
» à gauche, et a fait deux ou trois lieues dans
» cette direction; que dans la nuit, et transie
» de froid, elle s'est ralliée aux feux de l'en-
» nemi, qu'elle a pris pour ceux de l'armée
» française; entourée ainsi, elle aura été en-
» levée. Cette cruelle méprise doit nous avoir
» fait perdre deux mille hommes d'infanterie,
» trois cents chevaux et trois pièces d'artillerie.
» Des bruits couraient que le général de divi-
» sion n'était pas avec sa colonne, et avait
» marché isolément.

» Toute l'armée ayant passé le 28 au matin,
» le duc de Bellune gardait la tête de pont sur
» la rive gauche ; le duc de Reggio, et derrière
» lui, toute l'armée était sur la rive droite. »

Voilà qui est clair ! Il faut avouer que le rédacteur des bulletins possède le véritable style
militaire. Comme il vous fait marcher cette division de Partounaux ! Par brigades à droite,
par brigades à gauche, en avant, en arrière,
c'est un chef-d'œuvre. Comme toute la division marche de nouveau à la recherche de la
brigade égarée ! Comme celle-ci se trompe
agréablement en allant se chauffer à nos feux !
Il faut avouer que jamais on n'a publié un
semblable galimatias. La méprise était beaucoup plus cruelle que ne l'avoue le bulletin,
car voici le fait : La division Partounaux, laissée à l'arrière-garde, et sacrifiée pour ainsi dire
à son malheureux sort, ayant abandonné Borizow pour suivre l'armée française, fut attaquée
en route par le général Wittgenstein, et forcée
de se replier sur Borizow. Dans cette cruelle
position, elle eut encore à soutenir les attaques
des cosaques qui arrivaient de Bobr, et des
chasseurs de Tchitchagoff, qui avaient occupé
la ville de Borizow. Ces braves soldats, con-

duits par un des meilleurs généraux français, furent obligés de se rendre après s'être
défendus avec courage. C'est en vain que le
bulletin cherche à répandre du louche sur la
conduite de Partounaux. Les ennemis même
lui rendent la justice qui lui est due. Il n'a pas
séparé son sort de celui de ses soldats, et l'on
se plaît à voir, dans sa capitulation même, la
preuve que son caractère était élevé au-dessus
des circonstances. Sa conduite était d'autant
plus noble, que les maréchaux Davoust et Ney,
et l'empereur lui-même, lui avaient donné,
à Krasnoi, un exemple tout-à-fait contraire.
Mais tout le monde n'est pas grand homme!

« Borizow ayant été évacué, les armées de
» la Dwina et de Volhynie communiquèrent ;
» elles concertèrent une attaque. Le 21, à la
» pointe du jour, le duc de Reggio fit prévenir
» l'empereur qu'il était attaqué ; une demi-
» heure après, le duc de Bellune le fut sur la
» rive gauche ; l'armée prit les armes. Le duc
» d'Elchingen se porta à la suite du duc de
» Reggio, et le duc de Trévise derrière le duc
» d'Elchingen. Le combat devint vif ; l'ennemi
» voulut déborder notre droite ; le général Dou-
» mère, commandant la cinquième division de

» cuirassiers, qui faisait partie du deuxième
» corps, resté sur la Dwina, ordonna une
» charge de cavalerie aux premier et cinquième
» régiments de cuirassiers, au moment où la
» légion de la Vistule s'engageait dans le bois
» pour percer le centre de l'ennemi, qui fut
» culbuté et mis en déroute. Ces braves cuiras-
» siers enfoncèrent successivement six carrés
» d'infanterie, et mirent en déroute la cavalerie
» ennemie qui venait au secours de son infan-
» terie ; six mille prisonniers, deux drapeaux
» et six pièces de canon, tombèrent en notre
» pouvoir.

» De son côté, le duc de Bellune fit charger
» vigoureusement l'ennemi, le battit, lui fit cinq
» à six cents prisonniers, et le tint hors de la
» portée du canon du pont. Le général Fournier
» fit une belle charge de cavalerie. »

Rien n'est plus plaisant que de lire les détails des charges de la cavalerie ennemie, qui
n'existait plus que dans l'imagination du rédacteur des bulletins ; avec quel courage ces
fameux cuirassiers enfoncèrent six colonnes de
suite. Jamais, dans leur prospérité, ils n'a-
vaient fait de semblables miracles ; mais que
ne peut-on pas attendre d'une cavalerie si bien

montée? Tandis que la légion de la Vistule s'engageait dans le bois pour percer notre centre, comme si l'on pouvait, dans un bois, former une ligne qui eût un centre et des ailes, les cuirassiers faisaient six mille prisonniers et enlevaient six pièces de canons; six à Borizow, et puis six à la Bérésina ! Voilà comme sont nos ennemis; ils ne prennent jamais du canon que par demi-douzaine.

Il est vrai qu'ils auraient peut-être mieux fait de mettre moins de courage à enlever nos pièces, et plus de soin à garder les leurs; mais on ne fait pas toujours ce qu'on doit.

« Dans le combat de la Bérésina, l'armée » de Wolhynie a beaucoup souffert. Le duc » de Reggio a été blessé ; sa blessure n'est pas » dangereuse ; c'est une balle qu'il a reçue » dans le côté.

» Le lendemain 29, nous restâmes sur le » champ de bataille. Nous avions à choisir » entre deux routes, celle de Minsk et celle » de Wilna. La route de Minsk passe au milieu » d'une forêt et de marais incultes, et il eût » été impossible à l'armée de s'y nourrir. La » route de Wilna, au contraire, passe dans » de très-bons pays. L'armée, sans cavalerie,

» faible en munitions, horriblement fatiguée
» de cinquante jours de marche, traînant à sa
» suite ses malades et les blessés de tant de
» combats, avait besoin d'arriver à ses maga-
» sins. Le 3o, le quartier-général fut à
» Plechnitsi; le 1ᵉʳ décembre à Slaiki, et le 3
» à Molodetschno, où l'armée a reçu les
» premiers convois de Wilna.

» Tous les officiers et soldats blessés, et tout
» ce qui est embarras, bagages, etc., ont été
» dirigés sur Wilna. »

Comment ne pas souffrir de ces charges
terribles que les cuirassiers ont faites à travers
les bois? Cette armée battue est pourtant la
même qui a détruit, dans la poursuite jusqu'à
Wilna, tout le reste de l'artillerie française.

L'armée française a certainement bien fait
de prendre la route de Wilna. Il est vrai
que celle de Minsk était coupée; mais c'était
tant mieux. Les provisions étaient si abon-
dantes sur la route de Wilna! En général,
on ne peut assez admirer les soins paternels
que Napoléon a pris pendant cette campagne
glorieuse pour la subsistance du soldat.

« Dire que l'armée a besoin de rétablir sa

» discipline, de se refaire, de remonter sa
» cavalerie, son artillerie et son matériel, c'est
» le résultat de l'exposé qui vient d'être fait.
» Le repos est son premier besoin. Le matériel
» et les chevaux arrivent. Le général Bourcier
» a déjà plus de vingt mille chevaux dans les
» différents dépôts. L'artillerie a déjà réparé
» ses pertes. Les généraux, les officiers et les
» soldats ont beaucoup souffert de la fatigue
» et de la disette. Beaucoup ont perdu leurs
» bagages par suite de la perte de leurs che-
» vaux ; quelques-uns par le fait des embus-
» cades des cosaques. Les cosaques ont pris
» nombre d'hommes isolés, d'ingénieurs-géo-
» graphes qui levaient les positions, et d'offi-
» ciers blessés qui marchaient sans précaution,
» préférant courir des risques plutôt que de
» marcher posément et dans des convois.

» Les rapports des officiers-généraux com-
» mandant les corps feront connaître les offi-
» ciers et soldats qui se sont le plus distingués,
» et les détails de tous ces mémorables événe-
» ments. »

Oh ! oui, certes, l'armée française a besoin
de rétablir une discipline qu'elle n'a jamais
eue, de prendre du repos qu'on ne lui laissera

pas goûter ; et de remonter sa cavalerie pour laquelle elle ne trouvera point de chevaux. Quant aux pertes de l'artillerie, c'est une chose faite ; tout est réparé. C'est si facile de recompléter neuf cents à mille pièces de canon perdues en une campagne !

« Dans tous ces mouvements, l'empereur a
» toujours marché au milieu de sa garde, la
» cavalerie commandée par le maréchal duc
» d'Istrie, et l'infanterie commandée par le duc
» de Dantzick. S. M. a été satifaite du bon
» esprit que sa garde a montré ; elle a toujours
» été prête à se porter partout où les circons-
» tances l'auraient exigé ; mais les circons-
» tances ont toujours été telles, que sa simple
» présence a suffi, et qu'elle n'a pas été dans
» le cas de donner.
   » Le prince de Neuchâtel, le grand-maré-
» chal, le grand-écuyer, et tous les aides-de-
» camp et les officiers militaires de la maison
» de l'empereur, ont toujours accompagné
» S. M. »

Comment, en effet, ne pas être satisfait de la conduite de cette garde ? Toujours la dernière au feu, et la première au pillage ! Les

ruines fumantes de Moscou sont encore les
monuments de..... son audace et de sa discipline. Les maréchaux et les rois mêmes ne se
sont pas mieux conduits. S. M. le roi de Naples,
entr'autres, est resté un jour entier à Kowno
pour s'amuser à fondre l'or ét l'argent qu'il
avait arraché des images des saints. Qu'il est
beau de voir ainsi un grand monarque recueillir
le fruit magnifique de ses glorieux exploits !

Summa summarum ! Au total, la cavalerie française est réduite à six cents chevaux.

« Notre cavalerie était tellement démontée,
» que l'on a dû réunir les officiers auxquels il
» restait un cheval, pour en former quatre com-
» pagnies de cent cinquante hommes chacune.
» Les généraux y faisaient les fonctions de capi-
» taines, et les colonels celles de sous-officiers.
» Cet escadron sacré, commandé par le général
» Grouchy, et sous les ordres du roi de Naples,
» ne perdait pas de vue l'empereur dans tous
» les mouvements. »

» La santé de S. M. n'a jamais été meilleure.»

On n'en peut pas dire autant de son armée.

ANECDOTES

Au passage de la Bérésina, Murat ne pouvant emporter l'immense quantité d'habits brodés de prêtres qu'il avait volés à Moscou, les brûla dans une nuit, et emporta l'or en lingots.

— A Elbing les habitants lui ont payé les magasins qu'il voulait brûler. Il a pris l'argent et laissé les magasins.

— A Smolensko, Napoléon ordonna qu'on fît sauter les murs. On lui dit que douze mille malades couchés près de ces murs pourraient en souffrir ; il répondit : *ce ne sont que des crapauds ;* et ils périrent.

— Au passage de la Bérésina, il fit passer la garde sur le corps de deux régiments qui furent noyés.

— Comme dans la poursuite les Russes ne faisaient plus de prisonniers, ceux-ci restaient sur les chemins, et l'on ne se souciait aucunement

de les ramasser. Un grenadier de la garde française, expirant de faim, se rendit à un cosaque
qui le repoussa. Ce malheureux s'écria alors,
en s'arrachant les cheveux : « Vingt-deux ans
de service, onze blessures, grenadier de la
garde impériale, et un cosaque dédaigne de
me prendre! »

*Sur le Camp retranché de Taroutine, près
Moscou, que Buonaparte n'osa pas attaquer, et qui lui fit reprendre, malgré lui,
la route de Smolensk.*

Quand Napoléon sur sa route,
De Taroutine vit le camp
Hérissé de mainte redoute,
Il s'écria, le vil croquant:
« Ah ! vieux renard d'Astrakan,
» Ta routine me déroute. »

— La *Poste du Nord* contient une lettre intéressante adressée par le prince Koutousoff Smo-
lenskoy, à Mad. Anna Nikitischna Narischkin,
propriétaire du village de Taroutina, devenu
célèbre dans la dernière campagne. Le prince
invite Mad. Narischkin à vouloir bien laisser
subsister les fortifications qui ont été élevées à
proximité de ce village, et qui ont arrêté le

forrent des dévastateurs de la patrie. Elles serviront de monument perpétuel à la valeur russe
qui y fit des prodiges. Le prince informe
Mad. Narischkin que son voisin, le prince
Wolkonski, s'est engagé à ériger dans sa terre
Letaschefka, un monument aux faits militaires
qui ont également rendu célèbre ce nom dans
les annales de cette guerre. Mad. Narischkin,
entrant parfaitement dans les sentiments de l'illustre capitaine, s'est empressée de consentir
à sa proposition, d'autant plus qu'elle n'a fait
en cela qu'obtempérer à ceux de son propre
cœur, dévoué à son souverain, et brûlant pour
la gloire de sa nation.

— Le même journal rapporte, d'après des
lettres venues de Moscou, que le nombre des habitants y augmente de jour en jour, et que l'esprit d'industrie y reprend son ancien essor. Il
cite les fabriques de MM. Tschertkoff frères,
pour être déjà en pleine activité. Dans leur
raffinerie de sucre, les travaux ont recommencé
depuis six semaines, et leurs manufactures
d'indiennes et de cotonnades occupent déjà
beaucoup de bras.

— Le même journal rapporte encore, qu'en
mémoire de la campagne glorieuse des Russes,
la société des *amateurs* de littérature russe a

célébré le 13 janvier, jour de naissance de S. M. l'impératrice Elisabeth, sa réunion. Parmi les lectures qui ont été faites dans cette séance, on a remarqué une hymne lyrique-épique du célèbre poëte Derjavin, sur l'expulsion des Français du territoire russe.

— La rigueur extraordinaire qui a accompagné les derniers mois de l'an 1812 en Russie, a pu être attestée par les Français qui ont échappé de leur armée aventurée dans ce pays. En repassant les observations météorologiques de l'académie des sciences de Saint-Petersbourg, on voit que, dans le courant du mois de décembre, le froid a été, dans la capitale, un jour à vingt-un degrés de Réaumur, deux jours à vingt, deux jours à dix-neuf. Le mois de janvier a encore bien renchéri sur son antécesseur. Le premier jour de l'an se signala par dix-huit degrés; le 2 janvier, il y eut vingt degrés; quatre fois il y en eut vingt-un; deux fois il y eut vingt-trois, deux fois vingt-quatre degrés; le 18, il y eut vingt-cinq; et le 19 même, vingt-huit degrés. Il paraît que le commencement de cet hiver a été également plus rigoureux pour les climats plus tempérés. A Doubossar, dans le gouvernement de Cherson, on avait eu, en décembre, jusqu'à vingt-deux degrés de froid; ce qui est inouï dans ces contrées.

— La Russie vient de perdre un de ses hommes les plus distingués, et l'honneur de son clergé, l'illustre Platon, métropolitain de Moscou et de Kalomna.

— Platon naquit le 29 juin 1737, au village de Tschaschnikowa, à quarante werstes de Moscou, où son père était curé. Dans la vie séculaire, il porta le nom de Pierre; dans l'école, il reçut celui de Lévschine. Il fit ses premières études à l'académie slavonne-græco-latine; et passant rapidement d'une classe à l'autre, il se distingua dans toutes. Les langues anciennes formèrent son goût, et développèrent en lui les rares dispositions dont la nature avait orné son esprit et son cœur. Il n'avait pas encore dix-neuf ans, et son cours des sciences théologiques n'était pas encore terminé, que ses maîtres, ayant remarqué ses brillants talents, le chargèrent d'enseigner la poésie russe et latine, et de donner tous les dimanches des leçons publiques de catéchisme. Ses succès justifièrent bientôt le choix de ses supérieurs. Une grande pureté de diction, de l'élévation dans les idées, et une application juste des préceptes de morale, qualités alors

rares dans les écrits de théologie ; attirèrent au
jeune étudiant l'attention générale. En 1758,
son amour de l'étude et son penchant pour la
vie religieuse, le déterminèrent à embrasser
l'état monastique, où il prit le nom de Platon. Il
fut fait successivement préfet de séminaire, rec-
teur et maître en théologie. Catherine-la-Grande,
dans un voyage qu'elle entreprit par un motif
de religion, fixa son regard sur Platon. L'éloquence mâle de cet orateur, la profondeur de
ses réflexions, et la délicatesse de son goût,
eurent l'approbation de la souveraine : elle l'ap-
pela à sa cour, en le donnant pour instructeur
dans la religion à son fils, le grand-duc Paul,
son successeur au trône. C'est dans cette situation que Platon s'appliqua à la langue française, dans laquelle il s'énonça bientôt avec
facilité. Il mérita la continuation des bienfaits
des souverains. Il devint membre du saint Sy-
node, archevêque de Twer, et enfin métro-
polite de Moscou. Au couronnement de l'Empereur Alexandre, il fit l'acte du sacre. Il était
décoré des principaux ordres de Russie ; il avait
reçu de l'Empereur Paul les grands cordons de
Saint-André et d'Alexandre Newsky. L'Empereur Alexandre lui conféra la grande croix de
Saint-Wladimir.

Cet homme distingué mourut à l'âge de soixante-quinze ans. Il a laissé des ouvrages qui forment plus de vingt volumes. Ils réunissent tous à une rare onction, un grand talent de persuader et d'émouvoir, et beaucoup de force à la fois et de douceur sous les formes les plus simples. Ils font époque dans l'éloquence de la chaire russe. Ils survivront à leur auteur à jamais, comme ses vertus. Il avait toutes celles d'un sage, d'un bon pasteur, d'un véritable chrétien; il était le bienfaiteur et l'ami de l'humanité, et il aimait son pays.

Il est digne de remarque que les Juifs, domiciliés dans les provinces russes, qui ont éprouvé l'invasion française, se sont montrés partout attachés au gouvernement sous lequel ils avaient vécu jusques là. Partout ils ont rendu à l'armée russe des services qui attestaient leur zèle et leur dévouement pour elle. Dans la Russie-Blanche, ils ont fait jeûne et des prières générales pendant tout le temps que cette contrée était sous le joug de l'ennemi, pour que le ciel l'en délivrât. Un jour, entre autres, un Juif se présenta chez le commandant de l'avant-garde, le général Miloradowitsch, pour lui offrir ses services. Le général ne rejeta pas la proposition, et le chargea aussitôt d'une commission conforme à ses désirs; mais ayant en même temps offert au Juif quelqu'argent, celui-ci refusa constamment de l'accepter, disant que pour la bonne cause les Juifs aussi savaient servir sans vues d'intérêt. La suite justifia la sincérité de cet honnête israélite qui avait rempli sa commission avec tout le zèle et toute l'exactitude possibles. Et de semblables exemples n'ont pas été rares dans le courant de la campagne.

Les lettres particulières des militaires français qui ont été interceptées par les Russes, fournissent beaucoup de détails de la nature de ceux contenus dans la lettre que nous avons insérée dans le supplément du Numéro IV. Plus ces traits sont présentés sous les formes de la galanterie et de la frivolité françaises, et plus ils sont capables de peindre la situation de l'armée à laquelle se trouvaient les écrivains.

Dans une lettre signée R......., en date de Smolensk, le 11 novembre, il est dit entre autres : J'ai cherché l'occasion de rencontrer M. L...., et je lui ai remis la liste de l'aimable madame de St. R..... Il a paru fort content de la recevoir; et il voulait, par reconnaissance, m'offrir un petit morceau de cheval crud qu'il venait d'obtenir. Je le remerciai, parce que je sortais d'en manger un de chat, et qu'il ne faut pas trop s'accoutumer aux friandises. Du reste, il se porte bien, ainsi que moi!.... Mais, quand serons-nous à Paris?.... Adieu, mon ami, je ne vous dis rien de ce qui se passe autour de moi, etc., etc., etc. Si je voulais vous envoyer quelques boules de neige, c'est ici le pays; mais je ne veux pas charger le paquet, il est déjà assez gros.

Nous recueillons dans les *nouvelles des armées*, le trait d'héroïsme suivant, qui mérite d'être conservé.

Le colonel Engelhardt, gentilhomme propriétaire de Smolensk, à l'entrée des Français dans le gouvernement de ce nom, résolut de rester dans son village pour le garantir de la rapacité des ennemis. Un grand nombre de ces Français périt par la main de cet homme courageux. Cependant des traîtres le dénoncèrent, et il fut arrêté. A son interrogatoire il dit, avec une fermeté héroïque : « J'ai fait mon devoir comme sujet russe. Nous sommes obligés de combattre l'ennemi qui vient troubler notre repos, et qui ose s'armer contre notre souverain légitime. Je suis fâché que les fers m'empêchent de donner un libre cours à ma vengeance. » C'est ainsi que le brave Engelhardt

épancha son cœur devant le tribunal de ses
ennemis. Il attendit avec calme son arrêt.
Captif, il traversa les rues de Smolensk avec un
air serein, et c'est au cachot qu'il fit son tes-
tament. La sentence fut digne de l'oppresseur
de notre patrie. L'âme énergique d'Engelhardt
n'en fut point ébranlée ; la mort n'eut rien
d'effrayant pour lui. La sentence prononcée,
il fit entendre aux Français combien ils étaient
dans l'erreur, s'ils croyaient pouvoir asservir
la Russie ; il présagea leur ruine, et remercia
le Ciel de ce que sa mort deviendrait utile à sa
patrie. Au moment de l'exécution, il ne permit
pas qu'on lui bandât les yeux ; il les fixa, avec
fierté, sur les armes qui étaient dirigées contre
lui. Les ennemis même ne purent s'empêcher
de compatir à sa mort. Il serait à désirer qu'un
monument désignât le lieu où reposent les
cendres de ce véritable patriote.

Les nouvelles venant de l'armée se réunissent à louer la conduite des habitants du
duché de Varsovie envers nos militaires, et
elles tombent toutes d'accord sur l'épuisement
complet qui a été la suite de l'amitié dont le
gouvernement français a gratifié ce pays. —
Ces mêmes nouvelles assurent que l'armée
française, lorsqu'elle passa par Insterbourg,

ne comptait que quinze cents hommes de gardes, qui étaient les corps les mieux conservés, et que dans plusieurs régimens de ces gardes on ne trouvait que dix à quinze officiers, et trois à quatre soldats. Les états officiels ont confirmé d'avance ces calculs. Napoléon lui-même, après avoir passé le Niémen, courait la poste. Il avait acheté, à cet effet, chez un Juif une britschka recouverte d'une toile cirée toute en lambeaux. Blotti au fond de cet équipage non apparent, le vainqueur du Monde poursuivait ses conceptions en quittant à la hâte les contrées ingrates où sa fortune ne les avait plus secondées. Et voici une mésaventure à laquelle le grand homme n'a pu échapper, à cause de ses modestes dehors. Napoléon rencontra sur le chemin d'Ostrolenka un lieutenant du régiment de chevau-légers de Hohenzollern qui conduisait des chevaux de remonte. L'officier, voyant cet équipage peu imposant qui allait avec une célérité étonnante, non-seulement n'eut aucune envie de lui céder le pas, mais craignant que par inadvertance du postillon il n'arrivât quelqu'accident à ses chevaux, il lui ordonna de s'arrêter. Napoléon, à qui toutes les minutes étaient précieuses, ne voulut point en perdre, et, piqué

au vif par le procédé de l'officier, avança la
tête hors de la britschka, et se mit à lui déco-
cher des injures, en exigeant qu'on lui fît
aussitôt place. Le lieutenant, ne sachant pas
qu'il parlait au vainqueur du Monde, lui rendit
à son tour des injures avec intérêts, et força la
britschka d'attendre jusqu'à ce que toute la
remonte fût passée. Les chevaux ayant défilé,
l'officier conducteur souhaita au maître de la
britschka un bon·voyage, et continua son chemin. A quelque distance il rencontra Caulain-
court avec plusieurs personnes, qui lui demanda
s'il n'avait pas vu l'empereur allant en
britschka ; c'est alors que l'officier apprit à qui
il avait eu à faire.

Saint-Pétersbourg, le 27 février.

L'esprit public, qui depuis cette guerre a
repris son véritable essor, se manifeste dans cette
capitale journellement par tous les moyens et
dans toutes les occasions. Dans les écrits, dans les
actes et discours publics, dans les conversations
privées, dans les physionomies on le découvre ;
dans les rues, dans les salons, dans les cérémo-
nies, comme dans les réjouissances publiques,
on le reconnaît. Les plaisirs du carnaval de cette
année l'ont hautement attesté. Après la clôture

des réjouissances destinées pour les personnes de la religion dominante, le gouvernement, dont un des caractères essentiels a été de tout temps la plus généreuse tolérance, permet aux étrangers de célébrer le jour qu'ils appellent le *Mardi-gras*. Dans la mascarade de ce jour, 25 février, on a remarqué parmi différents masques relatifs aux circonstances, des personnes représentant des militaires français sous le costume bizarre que la témérité de leur folle campagne de 1812 a procuré aux débris de la fameuse *Grande-Armée*. La rencontre de ces masques avec des costumes de cosaques, faisait, comme de raison, chaque fois éclater ce fameux cri qui a retenti jusqu'à Paris ; les scènes comiques auxquelles ces rencontres donnaient lieu, excitaient la risée générale, et ajoutaient à la gaîté dont la nombreuse réunion était animée. Ces manifestations de l'esprit public valent bien, ce nous semble, celles que vantent les adresses, les discours et les bulletins parisiens.

— Les barbes et les costumes nationaux, qui existent dans l'armée russe, ont donné aux journalistes français et allemands matière à des observations curieuses. Sous le masque du dédain qu'ils affectent, la frayeur secrète que cet aspect a inspirée à l'ennemi, perce partout. En vain ils appellent barbarie ce qui n'est pas dans les formes usitées chez eux : comme si le frac et la mesquinerie de l'habillement français constituaient la civilisation et le sublime de l'état social ! Il est doux et satisfaisant d'être appelés *barbares* par ces champions des lumières et de la civilisation. C'est leur conscience qui parle; ils ne peuvent pas soutenir le regard d'une nation qui se sent, et qui ne veut pas se laisser subjuguer. Les Romains, vainqueurs du monde, tremblèrent à l'aspect de ces Germains qui leur présentèrent leurs yeux enflammés et leurs poitrines découvertes. Les Germains furent aussi appelés *barbares* par leurs sanguinaires agresseurs. Une nation qui revient à son costume par le sentiment de ses forces, par la conscience de pouvoir tout être par elle-même, ne rétrograde pas ; elle avance. C'est le plus beau point des lumières que de se connaître soi-même. La *nationalité* fait la force des nations. Celles qui l'ont méconnue ou perdue ont été asservies. Les Russes ont fait valoir la leur, elle les a sauvés. Ils se glorifient aujourd'hui de paraître Russes, et d'en porter le costume, ce costume qu'ils ont fait voir à l'ennemi depuis Moscou jusqu'au-delà des plaines de l'Oder. Les troupes de nouvelles levées l'ont conservé

intact, ce costume commode, mâle, imposant.
Les corps de cavalerie nouvellement formés
l'ont adopté à l'envi pour ressembler aux braves
qui honorent cette arme, aux cosaques, et ils
ont prouvé qu'à tous les avantages ce costume
martial joint aussi l'élégance.... Depuis quelque
temps on le donne aux enfants. Aucun habillement ne sied mieux à ces êtres intéressants,
comme aucun ne favorise davantage le déve-
loppement de leurs jeunes membres; mais ce
qui est bien plus, c'est qu'aucun ne fomentera
en eux, comme lui, l'esprit national ! C'est un
beau moment que celui où une nation revient
à elle-même, où le sentiment de la *nationalité*
se répand à travers tous les âges et va jeter des
racines dans celui de l'enfance ! Ces enfants
deviendront des hommes; ce seront des Russes.
Qu'ils le soient tout entiers, et qu'ils se glorifient d'être appelés *barbares !* Pour le salut de
l'humanité, il était temps de l'être, comme le
sont les Russes d'aujourd'hui !

— Au nombre des phrases banales usitées
dans les récits et actes officiels qui se publient
en France, se trouvent entr'autres toutes celles
qui renferment le mot *d'enthousiasme.* Les
orateurs et les faiseurs d'adresses de tout rang
et état, protestent toujours de leur *enthou-*

siasme ou de celui de leurs commettants. On assure à Napoléon que tout ce qu'il exige est rempli avec *enthousiasme*. On paie chaque nouvel impôt avec *enthousiasme ;* les conscrits partent de leurs foyers avec *enthousiasme,* et comme le vingt-neuvième bulletin a inspiré de l'*enthousiasme*, les villes, les bourgs, les hameaux offrent des cavaliers avec *enthousiasme......* Non, jamais il n'y a eu moins d'enthousiasme en France, et jamais il n'y a été moins possible que présentement! Si même son dominateur n'exigeait pas des sacrifices, si même il demandait des choses justes et louables, jamais il n'inspirerait de l'enthousiasme; lui qui est tout calcul, qui n'agit que par les plus froides combinaisons, comment voudrait-il le produire? Jamais il n'en a senti les émotions, jamais il ne pourrait les faire naître dans les autres. *Ce qui ne vient pas de l'âme, ne va pas à l'âme.*

— Il existe une médaille que Catherine l'immortelle fit frapper en mémoire de la bataille de Tschesmé. On y voit la flotte ennemie en flammes, et au-dessus d'elle, pour toute inscription, les mots : *Elle fut.* Si l'inscription pour le monument à ériger à Moscou avec les canons français, seuls restes de la Grande-

Armée qui a osé mettre le pied sur le territoire russe, n'est pas encore arrêtée, il semble qu'on ne saurait rien y mettre de plus sublime, et à la fois de plus vrai, que le mot : *Fuit*.

— En Russie, en Pologne, en Prusse, les Juifs ne se sont pas montrés partisans de Napoléon; ils ont, au contraire, donné des preuves non équivoques de leur attachement pour la cause opposée. Quelle est la raison de ce fait auquel on ne s'attendoit pas ?..... C'est que la nation juive, attachée de cœur et d'âme à la foi de ses pères, a reconnu dans Napoléon l'homme qui s'en jouait pour en faire un vil instrument de sa politique et de sa position, comme il en avait usé précédemment des autres religions. C'est la croyance qui punit l'irréligion, la bonne foi qui punit la perfidie. Les motifs religieux sont bien au-dessus de ceux de ce monde.

— *La Poste du Nord* donne, sur l'état de la ville de Smolensk, la notice statistique que voici : « Depuis l'expulsion de l'ennemi, de de cette ville, il s'est déjà rassemblé quatre mille habitants dans ses murs. On y compte, depuis l'incendie, environ quatre cent cinquante-neuf maisons rendues propres à être habitées, et environ trois cent dix-sept qui exigent des réparations. »

— L'archevêque de Ramenetz Podolsk a envoyé à l'armée soixante-quinze fils de personnes attachées à l'état ecclésiastique, qui ont désiré partager la gloire de nos guerriers. S. A. le prince de Smolensk les a reçues avec reconnaissance, et les a fait placer dans divers régiments.

— Les nouvelles des armées annoncent que les approvisionnements en vivres et en fourrages sont dans la plus grande abondance, et que S. M. I a daigné accorder à toute l'armée, sans description de grades, une gratification d'une demi-année d'appointements.

— Les mêmes nouvelles racontent le trait suivant qui mérite d'être connu : le major-général comte Woronzow fut blessé à la bataille de Borodino ; il se fit transporter dans une de ses terres, située dans le gouvernement de Wladimir. Tous les officiers et soldats qui passèrent par le village du comte pour se rendre aux hôpitaux, furent invités par lui à s'y arrêter jusqu'à leur entière guérison, de sorte que le nombre des blessés montait à la fin à quarante officiers et trois cents soldats. Tous furent soignés par des médecins, aux dépens du comte ; chacun reçut un traitement selon son rang, même les domestiques eurent leurs

provisions et rations, et on distribua du four-
rage aux chevaux. Plusieurs de ces guerriers
ont depuis rejoint leurs drapeaux, et la reconnaissance n'a pas été muette. (1)

---

(1) Nous croyons de notre devoir d'ajouter ici que le général
Woronzow est le fils de l'ambassadeur de ce nom, qui a si long-
temps été auprès de la cour d'Angleterre le digne représentant
des trois derniers souverains de Russie, et le beau-frère du
comte de Pembroke, ci-devant ministre plénipotentiaire de la
Grande-Bretagne auprès de la cour de Vienne. M. le général
de Woronzow a reçu son éducation en Angleterre, sous les
yeux du comte son père, et sa patrie en recueille aujourd'hui
les fruits. *Non generant aquilæ columbas.*

NÉGOCIATIONS DE BUONAPARTE

EN RUSSIE.

—

Entrevues de Kutusoff et de Lauriston, de Miloradowitch et de Murat.

Buonaparte, qui croyait dicter la paix à Moscou, n'y fut plus tôt arrivé qu'il aperçut qu'il étoit bien plus dans une situation à solliciter une capitulation qu'à dicter des conditions de paix; il imagina donc d'envoyer son Lauriston au prince Kutusoff proposer un armistice. Le prince reçut Lauriston au milieu de ses généraux, afin que Buonaparte ne pût pas composer la conversation; on sait le parti que *le moderne César* sait tirer d'un tête-à-tête, dans ses *Commentaires*, qu'il a la modestie d'intituler des Bulletins.

« Je ne suis point autorisé, dit-il, à écouter aucune proposition de paix ou d'armistice : quant à la lettre adressée à Sa Majesté, je ne m'en chargerai certainement pas. Je dois vous déclarer que l'armée russe a trop d'avantages pour les sacrifier : elle n'a pas besoin d'armistice. »

Lauriston observa que la guerre ne pouvait être éternelle ; qu'elle devait avoir une fin, surtout quand elle se faisait d'une manière aussi cruelle.

« Les révolutionnaires français ont donné l'exemple de la barbarie, et Buonaparte a encore ajouté à leur cruauté. Sans doute la guerre ne sera pas éternelle, mais il ne faut pas songer à la paix tant que les Français seront au-delà de la Vistule. La Russie n'a point provoqué la guerre : l'Empereur pouvait anéantir tous les préparatifs de Buonaparte, en portant immédiatement toutes ses forces de l'autre côté de la Vistule avant que Buonaparte les eût commencés ; mais les tentatives de Sa Majesté pour l'éviter ont été inutiles. Buonaparte est entré en Russie sans déclarer la guerre ; il a dévasté une partie de l'empire. Il n'a pas été invité à venir à Moscou ; il faut qu'il en sorte comme il pourra. Nous lui ferons tout le mal que nous pourrons : c'est notre devoir. Il a proclamé que la campagne était terminée à Moscou ; nous voyons la chose tout différemment ; nous croyons qu'elle ne fait que de commencer. Si vous ne vous en doutez pas , nous vous en convaincrons incessamment. »

Lauriston. Puisqu'il n'est pas possible d'espérer la paix il faudra bien marcher; mais en partant, il faudra encore répandre le sang des braves, puisque vos armées marchent de tous côtés.

« Je vous le répète ; vous ferez comme vous pourrez pour vous en retourner , et nous ferons tout ce que nous pourrons pour vous en empêcher. Au reste, s'il n'est question que de votre départ , nous pourrons arranger cette affaire quand le temps sera venu. »

Lauriston se plaignit de nouveau de la fureur qu'on avait inspirée au peuple, afin de rendre tout rapprochement impossible, en attribuant aux Français l'embrasement de Moscou, tandis que le feu y avait été mis par les habitans eux-mêmes.

« C'est la première fois que j'entends porter des plaintes de l'enthousiasme et du dévouement d'un peuple tout entier, qui défend son sol contre un ennemi qui l'a envahi, sans y avoir été provoqué, et qui, par cette agression injuste, excite cette animosité, cette rage, dont cet ennemi se plaint, mais que tous les autres peuples admireront. Quant à l'embrasement de Moscou , je suis vieux, M. Lauriston, j'ai un

peu d'expérience à la guerre. Soyez donc bien
sûr que je sais tous les jours, et à toutes les
heures du jour, ce qui se passe à Moscou. J'ai
ordonné que l'on mît le feu à quelques magasins; mais depuis l'arrivée des Français à
Moscou, les Russes n'ont brûlé que les ateliers
des charrons; les habitants ont brûlé peu de
maisons. Vous avez détruit systématiquement
le reste, les jours étaient fixés, les quartiers qui
devaient être livrés aux flammes étaient mar-
qués. J'ai eu des renseignements précis, et je
pourrais vous dire les édifices dont vous avez
abattu les murs à coups de canon, parce qu'ils
étaient si solidement construits que les flammes
ne les consumaient pas. Attendez-vous à ce
que nous nous vengerons. M. Lauriston, notre
conférence est finie. »

Le 11 d'octobre, Murat fut chargé par Buonaparte de faire une seconde tentative auprès
du général Miloradovitch qui commandait
l'avant-garde de l'armée russe. Murat se rendit
près du général, et après les compliments d'u-
sage, la conversation suivante eut lieu :

Murat. Avez-vous connaissance, général,
des excès que commettent vos cosaques? Ils

tirent sur mes fourrageurs : vos paysans même, quand ils se croient soutenus par les cosaques, massacrent les hussards qu'ils trouvent isolés.

Miloradovitch. Je suis enchanté d'apprendre de la bouche de Votre Majesté que mes cosaques exécutent strictement mes ordres. Je ne suis pas moins charmé d'apprendre que nos paysans se montrent dignes du nom de Russes.

Murat. Cela est contraire aux règles reçues à la guerre ; et si cela continue, je serai obligé d'envoyer des colonnes pour protéger mes fourrageurs.

Milorad. J'en serai charmé, sire ; mes officiers se plaignent d'avoir été trois semaines dans l'inaction. Ils voudraient bien prendre quelques canons, quelques drapeaux......

Murat. Mais pourquoi chercher à envenimer deux nations faites pour s'estimer sous tant de rapports ?

Milorad. Mes officiers et moi sommes prêts à vous donner toutes les marques possibles de notre estime ; mais, sire, vos fourrageurs seront toujours pris, et je crois que les colonnes que vou senverrez pour les protéger seront battues.

Murat. Général, ce n'est pas avec des mots qu'on nous bat. Jetez les yeux sur la carte.

voyez le pays que nous avons conquis, et jusqu'où nous avons pénétré.

Milorad. Charles XII a pénétré encore plus
avant; il est allé à Pultawa.

Murat. L'armée française a été constamment victorieuse.

Milorad. Mais nous ne nous sommes battus
qu'à Borodino.

Murat. Cette victoire nous a ouvert les portes
de Moscou.

Milorad. Je vous demande pardon, sire,
on vous a abandonné Moscou.

Murat. Quoi qu'il en soit, nous sommes
maîtres de votre ancienne et immense capitale.

Milorad. Oui, sire, et tous les Russes en
sont affligés; moi, en particulier, j'ai tout fait
pour sauver Moscou. La Russie vous a fait un
grand sacrifice; mais elle commence déjà à en
recueillir les fruits.

Murat. Comment!

Milorad. Je vois que Napoléon a envoyé
Lauriston au général en chef pour traiter de la
paix. Je sais que vos soldats n'ont qu'un tiers
de la ration ordinaire.

Murat. Les passeports qu'on vous a demandés
étaient une farce.

Milorad. (*continuant*). Et je vois que S. M. le

roi de Naples vient au général Miloradowitch
demander quartier pour ses fourrageurs, et en-
tamer une espèce de négociation pour apaiser
ses troupes.

Murat (*piqué*). Ma visite a été purement
accidentelle; je voulais simplement vous faire
connaître les abus commis par vos troupes. Le
défaut de discipline est un grand malheur dans
une armée : il en a souvent causé la ruine.

Milorad. En ce cas, il vous conviendrait
bien mieux de l'encourager. C'est un défaut de
discipline précieux que celui qui nous fait tuer
les fourrageurs français.

Murat. Vous vous trompez beaucoup à l'é-
gard de notre situation, Moscou est abondam-
ment pourvu de tout; nous attendons des renforts immenses, qui sont déjà sur la route.

Milorad (*riant*). Nous croyez-vous réellement plus éloignés de nos renforts que vous ne
l'êtes des vôtres?

Murat. Général, j'ai aussi à me plaindre sur
un point très-essentiel : et j'en appelle à votre
justice. Vous avez tiré deux fois sur nos parle-
mentaires.

Milorad. Sire, nous ne voulons point de
pourparlers. Nous voulons nous battre, et point
négocier. Prenez vos mesures en conséquence.

Murat. Quoi! je ne suis donc pas en sûreté ici.

Milorad. Vous courriez un grand risque, sire, en venant une seconde fois; mais aujourd'hui j'aurai l'honneur de vous accompagner moi-même jusqu'à vos vedettes.

Le général demanda son cheval; et Murat, frappé d'étonnement, dit qu'il n'avait pas d'idée de cette manière de faire la guerre. Le général lui dit en souriant, qu'il aurait pu en prendre une idée en Espagne. Murat vit bien qu'il valait mieux changer de conversation, et demanda au général où il avait d'abord servi en qualité de général.

Milorad. On doit se souvenir encore en France de la campagne de Suwarow en Italie. J'ai souvent eu l'honneur de commander l'avant-garde du généralissime.

Après une conversation assez courte sur la mort du prince Bagration, ils se séparèrent.

FIN.

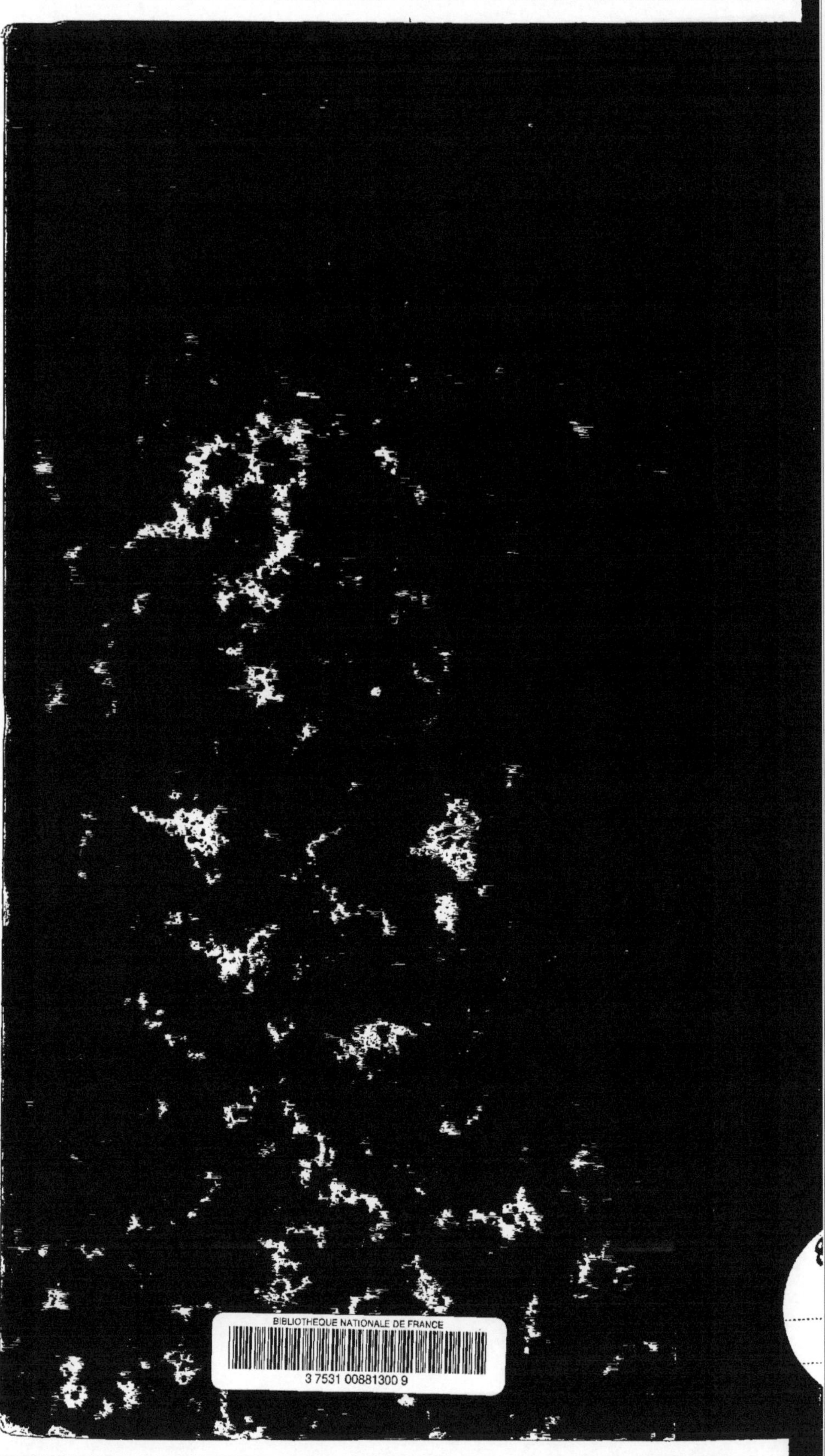